最澄と空海

日本仏教思想の誕生

立川武蔵

角川文庫
19776

風景と空間

日本近世美術論集

立石博高

プロローグ

大家・最澄と、留学生・空海

八〇四年（延暦《えんりやく》二三）、四隻の遣唐使《けんとうし》船が田浦《たのうら》（肥前《ひぜん》国）から出発した。第二船には数え年三八歳の最澄《さいちょう》（七六七—八二二）が還学生《げんがくしょう》として、通訳の義真《ぎしん》を伴って乗っていた。船は七月に出航したが、暴風雨にあい、五十余日を海上に漂った後、九月になって揚子江《ようすこう》の南岸に着いた。還学生は短期の視察を命じられた身分であり、視察が終れば直ちに帰国せねばならなかった。事実、最澄は翌年の七月にはすでに朝廷に復命している。

一方、大使の乗った第一船には、数え年三一歳の空海《くうかい》（七七四—八三五）が乗っていた。当時すでに朝廷にも名が知られていた最澄とはちがって、空海は入唐直前に正式の僧侶《そうりょ》となったばかりであった。唐に行くために、具足戒《ぐそくかい》を受けて正式の僧になったと思われるタイミングである。空海の身分は留学生《るがくしょう》であり、長期間、当地に滞在することが前提となっていた。空海は二〇年の留学の約束で唐に渡ったのである。空海の入唐までの事情には謎が多い。遣唐使となることがどのようにして可能だったのか、このあたりの記録はない。

そもそもこの八〇四年の遣唐使は、前年に暴風雨で引き返した船団の再出発であった。遣唐使が再出発の準備を整えている間に、空海は遣唐使の一員となってしまったのだ。最澄はその間、九州に留《とど》まらざるを得なかった。

最澄の入唐は桓武《かんむ》天皇のお声がかりであり、皇太子からは金銀数百両の寄進を受けている。留学生の空海は二〇年分の奨学金を所持していた。二〇年間の留学は朝廷からの命でもあった。約二年半後に空海が持ち帰ったものの質・量から推察しても、空海が持っていった資金は途方もない額だ。

空海はどれほどの資金を、誰から与えられたのであろうか。さまざまな推測がなされてきたが、はっきりはしていない。それはともかくとしても、『三教指帰《さんごうしいき》』をあらわした二四歳から、遣唐使船に三一歳で乗るまでの七年間をどこで過ごしていたのか。中国語がよくできたのであるから、中国人たちと交わっていたと考えられる。東大寺にいたのではないかとも推定されている。

ともあれ、すでに大家であった還学生最澄と、正式の僧になったばかりの留学生空海が、ともにこの八〇四年に唐に渡った。一人は一年、もう一人は二年余の後、それぞれの成果を伴って帰国した。

日本のアニミスティックな世界観

最澄と空海、この二人の間には当然、交わりがあった。空海は最澄に書籍を貸したり、密教における弟子となる儀礼である灌頂《かんじょう》をさずけたりしている。しかし、この二人の気質は異なっており、後に両者は決別してしまう。二人の仲とか対照的な気質はともかくとして、最澄と空海は日本仏教史の中では非常に近い位置におり、まさに「並び立っている」。一人の人間の二つの分身ではないかと思われるほどに、彼らが立っているところは似ているのだ。同じ年の遣唐使として派遣され、帰国後の四半世紀あまりを同一の時代状況の中で生きたのであれば、それは当然のことだともいえよう。

最澄と空海は、それぞれ新しいかたちの仏教の導入者である。中国の天台《てんだい》の仏教は、それまで日本に将来《しょうらい》されていなかったわけではないし、密教もまた空海の入唐以前の日本に知られていた。しかし、最澄によって天台教学は日本に根づき、空海によって新しいかたちの密教（悟りを得ることを主目的とする密教）が日本で展開されるようになったのである。最澄と空海が日本仏教の中で有する意味は、彼らが新しい仏教の将来者であることにとどまらない。さらに重要なことは、彼らが日本文化の中で天台仏教や密教を消化し、日本人の仏教として展開したことである。そのことは最澄や空海が仏教の理解をゆがめてしまったことにはならない。

異なる文化間（仮りにAとB）で、一つの文化的伝統――例えば、仏教の思想、儀礼形態等――が伝えられる場合を考えてみよう。A（例えば、中国）からB（例えば、日本）へと仏教が伝えられるとき、それがBにおいて受け入れられるためには、Bにおけるそれなりの条件が必要となる。Aにおける形態そのままに、Bに移すことができない場合が多い。最澄と空海は中国の仏教を急速に学びとりつつ、同時に日本における仏教はいかにあるべきかを考えていたにちがいない。

最澄と空海が、日本において展開されるべきと考えた仏教の内容は驚くほど近い。二人はともに、外界つまり世界に「命」を認めていた。天台教学は「諸法《しょほう》は実相《じっそう》なり」と主張する。現象世界が、実相つまり真実なるものであるという考え方だ。密教もまたこの世界に「聖なる」価値を認める。この世界は如来《にょらい》の身体であると考えるからだ。

最澄と空海が、このように現象世界に「聖なる」価値を与えた背景には、日本のアニミスティックな世界観があると思われる。このことはすでに拙著『日本仏教の思想』（講談社現代新書、一九九五年）でも指摘したが、最澄と空海は、異文化理解の達人として、そのような日本の思想形態を常に意識しつつ中国仏教を学んでいた、と思われるのだ。

日本型仏教を築く

最澄が根づかせた日本の天台の思想は、九世紀の中頃になると急速に密教の要素を取り入れた。最澄の後継者である円仁《えんにん》（七九四―八六四）や円珍《えんちん》（八一四―八九一）の努力によるものであるが、その結果、最澄や空海の没後まもなくして、空海の開いた真言《しんごん》宗と最澄の開いた天台宗とが、教義や実践形態としてそれほど大きな違いを持たなくなったことは注目に値する。前者は空海が別当《べっとう》として任命された京都の東寺《とうじ》にちなんで「東密《とうみつ》」と呼ばれ、後者は天台にちなんで「台密《たいみつ》」と呼ばれたが、ようするに両者ともに密教であった。

もちろん、後世において東寺、高野《こうや》山《さん》金剛峯寺《こんごうぶじ》などを中心とする真言宗と、比叡山延暦寺《ひえいざんえんりゃくじ》を中心とする天台宗とが、日本仏教において果たした役割はかなり異なっている。しかしその違いは、両者が密教の立場から「世界」を「聖なるもの」としてとらえ、日本仏教に方向を与えたこととくらべるならば、それほど大きなことではない。この場合の「世界」とは、われわれがその中で生活する自然《しぜん》（器世間《きせけん》）であり、われわれ人間たち（世間《せけん》）、さらに犬や猫など動物等の総体である。

平安後期になると、「諸法実相」の考え方が発展して「本覚《ほんがく》思想」が生まれた。これは人間はむろんのこと、山川草木《さんせんそうもく》を含むすべてのものが成仏《じょうぶつ》するという考え方であるが、インドの仏教からすればかなりの変質といわざるを得ない。ネパールやチベットの仏教も「山川草木が成仏する」とはいわない。しかし中国仏教にはこのような考え方の芽がある。

そのかぎりでは、中国仏教と日本仏教は近いといえよう。というよりも日本仏教は、そのような中国仏教の思想を、日本の文化的風土に合わせて導入したといった方が正確であろう。

平安後期から末期にかけて勢力を得た「本覚思想」に対して、二つの方向からの批判が生まれた。一方は法然《ほうねん》（一一三三—一二一二）や親鸞《しんらん》（一一七三—一二六二）の浄土《じょうど》教であり、もう一方は道元《どうげん》（一二〇〇—五三）を中心とする禅仏教であった。鎌倉仏教の主役であったこの二種の仏教伝統は、本覚思想が安易な現実肯定におち、悟りを求める実践の重要性を軽視していると批判した。浄土教は元来、この裟婆《しゃば》世界を捨てて浄土に往生することを願うのであるから、われわれが住むこの世界にこだわることをむしろ嫌った。親鸞の思想には花鳥風月《かちょうふうげつ》をめでるというようなところはほとんどない。阿弥陀《あみだ》以外のものに心を向けることが罪であるかのように、彼は花や月に眼をむけない。阿弥陀仏のイメージさえ彼には不要のものだ。彼には「南無阿弥陀仏《なむあみだぶつ》」という名号《みょうごう》があるのみだ。一方道元は、自然の事物に対して親鸞ほど禁欲的ではない。しかし、道元の目指すところは、禅の修行によって悟りを得ることであって、自分をとりまく世界に関する理解は二の次であった。

現在、浄土教と禅宗は日本仏教を代表する宗派である。一方、真言宗と天台宗の勢力は、日本仏教全体を覆《おお》うとは言えないが、確固とした位置を占めている。そして現在、浄土教と禅、そして真言と天台の密教は、それぞれ逆の方向からではあるが一つの形態へと歩みよっているように思われる。あえて名づけるならば「日本型仏教」と言うべきものへと収《しゅう》斂《れん》してきたように思われる。

それは、戒律を重視せず、在家《ざいけ》を中心とし、祖霊崇拝などの土着崇拝を多分に取り入れた宗教形態である。インドやチベットの仏教のようには、論理学や認識論を重視することなく、世界の構造に関する知の体系を構築しようともしない形態。だが、ここでは、世界の中のあらゆるものに何らかの「聖なる」価値を認めており、人が死ねば仏になったり、霊になったりすると多くの人が信じてきた。このような日本型仏教のその思想的基礎を日本の中に置いたのは、最澄と空海であった。

「世界」とは、われわれが生きるための単なる素材なのか、それともそれは、われわれのように「生きている」ものなのか。地球上の生命体それぞれの存在そのものに、どのような意味があるかを問うことは賢明なことではないだろう。しかしわれわれ人間は、生きることの意味を問わずにはいられない。ヒトという生物学的生命体の運動がいかにして可能となったのかを知らなくとも、われわれは別の次元でわれわれが生きることの意味を見つけようとしてきた。そのようなわれわれにとって、世界とは何か。——最澄は「諸法実相」つまり現象世界は真実だととらえ、空海は世界はマンダラというすがた（相《そう》）をとり、かつそれは仏（如来《にょらい》）の身体だと考えた。この二人の考え方は、後世の日本仏教のみならず、日本文化全般に影響を与えた。本書は、最澄と空海の世界観に学びつつ、「世界の聖化」の方法を模索しようとするものである。

最澄と空海

日本仏教思想の誕生

目次

III　空海

世界の聖化

年	最澄の生涯・著作	空海の生涯・著作
767	近江国に生まれる	
774		讃岐国に生まれる
778	出家して行表の弟子となる	
780	国分寺で得度する	
785	4月、具足戒を受ける。7月、比叡山に入る	
789		この頃、阿刀大足について『論語』等を学ぶ
791	修行入位という僧位を受ける	この頃、一沙門より虚空蔵求聞持法を受ける
797	内供奉に補せられる	『三教指帰』をあらわす
802	高雄山寺にて天台を講ずる	
803	乗船した遣唐使船が暴風雨にあい、帰国	
804	7月、遣唐使船（第二船）に乗り、9月、明州に着き、道邃に会い、10月、行満を訪れる	7月、遣唐使船（第一船）に乗り、8月、福州に着き、12月、長安に入る
805	4月、順暁から密教を学ぶ、6月、帰国、8～9月、高雄山寺で桓武天皇らに灌頂を授ける	2～5月、般若三蔵に学ぶ、6～12月、恵果に学ぶ
806	天台法華宗が公認される	10月、帰国し、809年まで大宰府に滞在
812	空海から金剛界灌頂を受ける	

年	最澄の生涯・著作	空海の生涯・著作
816	この頃、空海との友好を絶つ	この頃、最澄との友好を絶つ。高野山建立の許可が下りる
817	徳一への反論として『照権実鏡』をあらわす	
818	『守護国界章』をあらわす	
819ごろ		『即身成仏義』『声字実相義』等をあらわす
820	『顕戒論』をあらわす	
821	『法華秀句』をあらわす	讃岐万濃池の修築別当に補せられる
822	6月4日没(56歳)。同11日、大乗戒壇の建立が許可される	2月、東大寺に真言院を建立
823		嵯峨天皇より東寺を勅賜される
825		東寺講堂の建立が許可される
827		大極殿にて雨乞いを修する
828		摂津船瀬所の別当に補せられる
830		『秘密曼荼羅十住心論』『秘蔵宝鑰』をあらわす
831		病にかかる
832		万灯万華会の法会を営む
835		3月21日、高野山にて没(62歳)

本文デザイン　小林　剛（UNA）
図版作成　小林　美和子

I

仏教の源流

第一章　源泉としてのインド仏教

1　インド思想の六期

思想的中心としてのバラモン正統派

最澄や空海の思想には、インド・中国仏教から離れた点、あるいは独創的な点が存するが、仏教の伝統の中にいたことはいうまでもない。日本仏教のこの二巨人の思想・実践の考察に入る前に、彼ら以前のインドおよび中国の仏教を概観しておこう。最澄と空海はそれぞれの立場から、彼ら以前の仏教の教判《きょうはん》（ランキング付けされた教えの一覧）をおこなっている。それゆえ、彼ら以前の仏教史の概観がぜひとも必要である。また彼らの仏教思想が、仏教史全体の中でどこに位置するかを見るために、九世紀以降のインドおよび中国の仏教史もごく簡単に見ておきたい。二人の帰国以前のインドや中国の仏教史の概観は、日本の密教の特質を知るためにとりわけ必要なことである。

インド四五〇〇年の思想史は、図1に見られるように六期に区分することができる。

第一期（紀元前二五〇〇年頃—紀元前一五〇〇年頃）……インダス文明
第二期（紀元前一五〇〇年頃—紀元前五〇〇年頃）……ブラーフマニズムの時代
第三期（紀元前五〇〇年頃—紀元六五〇年頃）……仏教・ジャイナ教の時代
第四期（紀元六〇〇年頃—紀元一二〇〇年頃）……ヒンドゥー教の時代
第五期（紀元一二〇〇年頃—紀元一八五〇年頃）……イスラム教支配の時代
第六期（紀元一八五〇年頃—現在）……………ヒンドゥー教復興の時代

インドの思想史は、バラモン正統派とそれに対抗する勢力との抗争の歴史であるということができよう。図1における波形はその抗争の歴史を語っている。「波」が点線より右にあるときにはバラモンを中心とした勢力がよりいっそう強く、「波」が点線より左にあるときにはバラモンを中心とした勢力が、仏教あるいはイスラム教といった対抗勢力によって抑えられていることを示している。

インダス文明の時代は別として、この三五〇〇年のインドの歴史においてバラモンを中心とした勢力は、イニシアティヴをとるかとらないかの違いはあるが、常にインド思想史の支柱であり続けた。図1において点線の左に「波」があるときも、それはバラモンを中

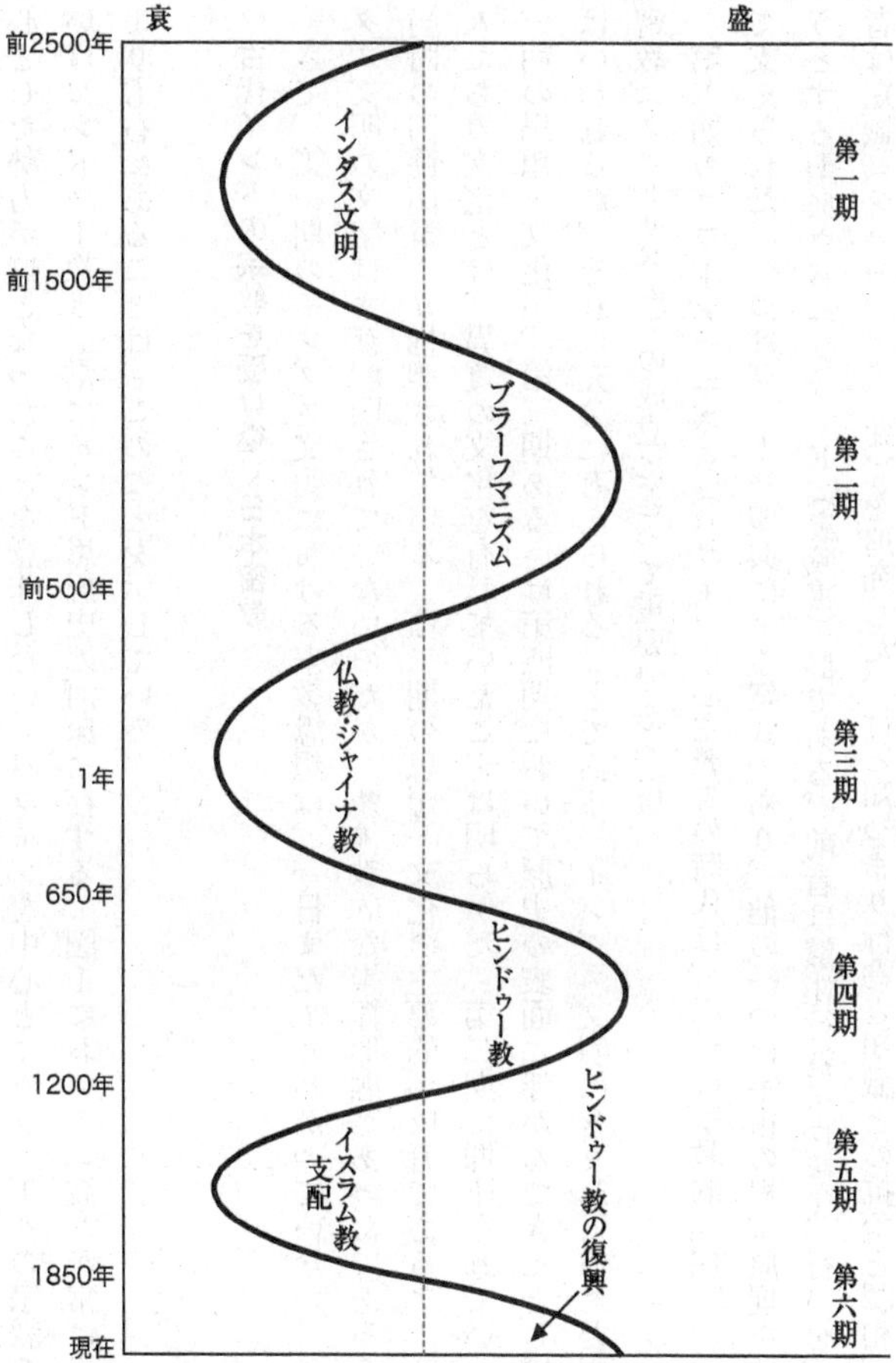

図1　インド思想史の時代区分（太い曲線はバラモン正統派の盛衰）

心とした勢力が無となったことを意味しない。バラモンを中心とするヴェーダの宗教あるいはヒンドゥー教は、常にインド思想史の河床に存する。図1において「波」が常に点線よりも右にあることは、このことを示している。

古代インドの宗教を受け継ぐ日本密教

さて、第一期のインダス文明における宗教思想は、今日までよくわかっていない。インダス文明の文字はまだ解明されていないのだが、多神教的な崇拝形態があったであろうと、当時の円筒印章より推測されている。第二期の思想・文化の主導的形成者であるアーリア人たちの文化とは、異質の文化を有していたことは明らかだ。第二期に抑圧されていた第一期の思想・文化が、第三期あるいは第四期において歴史の表面に浮かんできたとしばしばいわれるが、それは充分に考えられることである。インダス文明に含まれていた要素は、密教（タントリズム）の成立にとって重要であった。

第二期のブラーフマニズム（バラモン中心主義）の時代は、二つの宗教的「柱」によって支えられた。一つはヴェーダ聖典による祭式であり、他の一つは宇宙の根本原理を知ろうとする聖典ウパニシャッド（奥義書）群である。前者は儀礼行為（カルマ、行）を、後者は知識（ジュニャーナ、知）を追究した。行と知つまり行為と知識との抗争と調和、これこそインドの思想史において今日にいたるまで問題となった主要テーマである。

密教（タントリズム）は第四期の初め頃から急速に勢力を伸ばすのであるが、密教は第二期から続いていたヴェーダの儀礼や、おそらくは第一期にすでにおこなわれていたと思われる「神などに対する供物《くもつ》の奉献」（プージャー、供養）等をみずからのシステムに合うようにして組み入れた。真言や天台の密教も、ヴェーダ祭式を代表する儀礼であるホーマ（護摩《ごま》）や、おそらくはそれより古い形態の儀礼であるプージャーを宗教実践の一部として取り入れている。このように日本の密教は、インドの宗教史のもっとも古い部分を受けとっているのである。

第二期の初めに西インドのパンジャブ（五河地方）に侵入したアーリア人たちは、約一〇〇〇年をかけて西インドから東インドへと移住していった。「一〇〇〇年の移住」が終わった頃には、元来は騎馬民族であったアーリア人たちの生活も変質し、商人たちが富をたくわえるようになっていた。アーリア人の僧侶《そうりょ》階級であるバラモンたちを中心としたヴェーダの宗教だけでは充分でなくなった。そうした中で、ヴェーダやウパニシャッドには従わない、つまり非正統派の宗教が登場することになった。仏教やジャイナ教の誕生である。

仏教の誕生

仏教の開祖ゴータマ（シッダールタ）つまりブッダ（仏陀）は、シャカ族の王子として生まれたので武士階級に属していた。彼の生年ははっきりせず、紀元前五〇〇年頃から紀元前四〇〇年頃までの間とされる。本書では紀元前五〇〇年頃の説に従っておきたい。ブッダやブッダと同じ頃成立したジャイナ教は、それまでのバラモン中心主義を批判的に見てはいるが、あからさまに攻撃したわけではなかった。ジャイナ教はその後のバラモン中心的なインド社会の中で生き続け、今日でも特に商人層の中に強力な支持層を保っている。

仏教は武士や商人階級の支持者を得て、第三期においては、バラモン中心主義と充分に対抗できるほどの勢いを保っていたと推測される。ブッダは三五歳に悟りを得て、八〇歳で没するまでの四五年間、弟子たちを連れて東インドを布教した。『平家物語』の冒頭に登場する「祇園精舎《ぎおんしょうじゃ》」は、旅を続けるブッダとその弟子たちに、ある長者が寄進した宿舎であった。

最澄や空海の時代には、すべての仏教経典はブッダにより、この四五年間に述べられたと一般には信じられていた。もっとも最澄と空海に論争をいどんだ会津《あいづ》の僧徳一《とくいち》のように、仏教経典のあるものはブッダの滅後、数百年を経て成立したと主張する者もいたし、中国の天台宗の僧たちや最澄がどこまで素朴に「釈迦《しゃか》が一代で全経典を説いた」と信じていたかはわからない。ともあれ唐代（六一八—九〇七）の天台宗は、それまでに知られていたすべての仏教経典は釈迦が一代で説いたという一般的な考え方に立って、それらの経典の説かれた五つの時期（五時《ごじ》）を設定し、すべての経典（群）にランク付けをなした。天台教学が重視する『法華経《ほけきょう》』は最後の時期に説かれたという。最澄も当然その説を引き継いだ。

ブッダの滅後、少なくとも半世紀ほどの間はブッダの教説が語り継がれており、教団の内部でブッダの教説に対する解釈の相違で大きな論争は起きなかった。この時期の仏教を「初期仏教」と呼ぶ。やがてブッダの教説の解釈をめぐって論争が起き、仏教教団は数多くの部派に分かれた。この期の仏教を「部派仏教」と呼ぶが、この部派仏教の名残りは紀元後三、四世紀になっても存続していたと考えられる。

紀元前後に仏教内に革新的運動が起きた。「大乗《だいじょう》仏教」の運動である。「大乗」（マハーヤーナ）とは、大きな乗物を意味する。この新しい運動に属する者たちは、みずからの仏教を「大乗」と呼び、それまでの保守的な仏教を「小乗《しょうじょう》」（ヒーナヤーナ）と呼んだ。「ヒーナ」とは、「小さい」よりもむしろ「劣る」を意味する。具体的にはいわゆる部派仏教を指していた。

「大乗」と名づけるにあたっては、出家者が自分ひとりの成仏のみに関わるのではなくて、他の者たちの成仏をもみずからの成仏とともに考えていく立場だという自負があったであろう。当然のことながら、「ヒーナヤーナ」つまり「劣った乗物」と呼ばれた保守的仏教は、みずからの立場を「小乗」と呼ぶようなことはしなかった。

今日、タイやミャンマーにおいて「テーラヴァーダ仏教」と呼ばれている形態は、いわゆる「小乗仏教」の伝統を受けたものだといってよいであろう。彼らの仏教が「劣った乗物」であるか否かはまた別の問題だ。今のわれわれにとって重要なことは、テーラヴァーダ仏教は、土着的な呪術《じゆじゆつ》的儀礼と結びつくことがあったとしても、「密教」と呼ぶにふさわしい形態をその歴史の中で一度も生まなかったことだ。後に述べるように、密教は仏教のみに生まれたものではなく、ヒンドゥー教、ジャイナ教においても生まれた運動であるが、仏教の密教（仏教密教）に限っていうならば、大乗仏教において密教は生まれた。このことは密教の特質と深く結びついている。

紀元前後に誕生した大乗仏教は、六〇〇年頃にはすでにその勢力を徐々に失いつつあった。というよりも、第四期に入る頃には、ヒンドゥー教の勢力が仏教のそれをしのぐようになっていた。バラモン中心主義は、第三期においては仏教の勢力におさえられていたが、大乗仏教の誕生と同じ頃に土着的要素を吸い上げながら、かたちを変えて成長しつつあった。それがヒンドゥー教（ヒンドゥイズム）である。西ローマ帝国が五世紀の中葉に崩壊すると、通貨共同制による西世界との交易によって富を築いていたインドの商人たちも没落していった。インドは第四期には、再び農村を中心とした世界へと入っていくのである。

渡航の絶妙のタイミング

第四期の終わりつまり一二〇〇年頃には、大乗仏教はインド亜大陸からほとんど消滅する。イスラム教徒の侵略によって仏教の僧院がことごとく破壊される。一三世紀初頭には、仏教徒たちの拠点であったヴィクラマシーラ僧院が破壊され、比丘《びく》や比丘尼《びくに》が殺された。

このように、インドの大乗仏教は約一二〇〇年の寿命であった。その前半六〇〇年が発展期であり、後半六〇〇年が衰退期であると、一応図式的にいうことができる。仏教の密教（仏教密教）は四、五世紀頃からかたちをとりはじめているが、その確立は七世紀と考えられている。つまり、第四期の始まりには仏教密教が確立していたことになる。その後、インドの仏教密教は数世紀の間に大きな変容を遂げた。七世紀後半あるいは八世紀前半以降の密教は、それ以前の密教と違って宗教行為としての性行為を、条件つきではあるが是認し、さらにそれまで土着的文化の中に存続してきた「血・骨・皮などの儀礼」を受け入れた。

唐に渡った最澄や空海が接することのできた密教は、大きく変容を遂げる以前のものであった。今日の日本でもよく読まれている『理趣経《りしゅきょう》』に見られるように、空海が接した密教の中には、性を肯定的にとらえる態度が皆無というわけではない。しかし、後期インド密教とくらべるならば、日本の真言・天台密教における性や血・骨等の儀礼の比重は微々たるものである。最澄や空海の帰国後、円仁や円珍など唐に渡って密教を学ぶ者が続いた。しかし、彼らが日本にもたらした密教は、空海が将来したものとそれほど異ならなかった。遣唐使制度が廃止される九世紀末までに日本の仏教徒が知り得た仏教密教は、このように七、八世紀の「インド中期仏教密教」までであって、九世紀以後の後期仏教密教は知り得なかった。九世紀以後の仏教密教はネパールやチベットへ伝えられ、それらの地では今日も残っている。

インド思想史の第五期は、イスラム教徒による政治的支配を受けた時期である。僧院を中心にして活動していた仏教は、イスラム教徒による僧院破壊の直後にインド亜大陸より消滅した。一方、ヒンドゥー教は僧院主義をとっておらず、師から弟子へあるいは親から子へとその教義や儀礼が伝えられていたので、イスラム教徒の政治的支配を受けてもみずからの文化を発展させることができた。ヒンドゥー教の密教（ヒンドゥー密教）は全インドおよびネパールで盛んになった。

一九世紀中葉になると、イスラム教支配から逃れようとする気運が生まれた。その際の精神的支えは、いうまでもなくヒンドゥー教であった。二〇世紀の中葉には、それまでの宗主国《そうしゅ》であったイギリスによる植民地支配からもみずからを解放してインドは独立した（第六期）。

このように、インド四五〇〇年の歴史のうち、仏教が生きていた時期は、第三期と第四期の約一七〇〇年である。大乗仏教はその後半の一二〇〇年であり、天台の教学の基礎となった大乗経典『法華経』がほぼ現在のかたちになったのは、大乗仏教が誕生して二、三世紀後のことであった。『法華経』の一章である『観音経《かんのんぎょう》』（『法華経』普門品《ふもんぼん》）自体の成立は、おそらく二世紀頃であったろうと推定されている。このように、『法華経』は初期の大乗仏教において成立したものだ。

仏教密教が確立したのは七世紀頃、つまり第四期のはじまりにおいてである。そして、空海が中国において接することのできたのは、この確立してまもない、まだ変容を遂げていなかった仏教密教であった。円仁や円珍が中国で密教を学んでいた九世紀中葉には、インドの仏教密教はすでに大きく変容しようとしていた。が、彼ら二人は、前述のごとく、この変容から影響を受けなかった。遣唐使制度の廃止（八九四年）のタイミングが、日本仏教のあり方を大きく規定した。その時期に日本型仏教を確立した最澄、空海が生きていたことの意味の大きさを思わざるを得ない。

2 天台の「五時」

インド仏教における「経」と「論」

天台の教学では、すべての経典がブッダの成道《じょうどう》後、涅槃《ねはん》までの四五年間の五期（五時）に説かれたとされることはすでに述べた。五時とは、華厳時《けごんじ》、阿含時《あごんじ》、方等時《ほうどうじ》、般若時《はんにゃじ》、法華《ほっけ》・涅槃時《ねはんじ》である。これらは、それまでの仏教史の中で生まれてきた経典群にちなんで名づけられているが、大乗経典にもとづいているものばかりではなく、例えば阿含経典は大乗仏教以前に成立した経典である。

一方、空海も「五時」とは異なった仏教思想のランキング（教判《きょうはん》）をおこなっている。天台の教学が経典（経、スートラ）のランキングにもとづいていたのと対照的に、空海の教判は論典（論、シャーストラ）の分類にもとづいている。「経」は釈迦が弟子たちに説いたものという形式をとっているのにくらべて、「論」は後世の仏教思想家があらわしたものであって、ほとんどの場合著者名が伝えられている。

空海は、インド仏教の流れをくむ諸学派、すなわち「倶舎宗《くしゃしゅう》」（有部《うぶ》）、「法相宗《ほっそうしゅう》」（唯識《ゆいしき》派《は》）、「三論宗《さんろんしゅう》」（中観派《ちゅうがんは》）や、中国で新しく育ってきた教学である天台や華厳などの、それぞれの立場をみずからの体系の中に位置づけた。天台の五時や空海の教判を理解するためには、インド仏教における「経」（スートラ）と「論」（シャーストラ）の歴史を知る必要がある。以下、「五時」にあらわれる経典群およびインドの諸学派を、インド仏教史の中で位置づけておきたい。

華厳時、阿含時、方等時——成道から小乗・大乗へ

まず、「五時」のうちの第一時は華厳時《けごんじ》である。『華厳経』とは、紀元二世紀頃までに成立したと推定される代表的な初期大乗経典である。この経典のテーマは、この世界の中ではあらゆるものが互いに関係しあっている、ということである。すなわち「縁起の関係にある」という。「網の目のひとつをつまむと他の目も同時に持ちあがってくるように」というたとえは、『華厳経』の説く縁起の世界を説明する際にしばしばもちいられる。善財《ぜんざい》童子《どうじ》が悟りを得るためにさまざまな人を訪ねる物語は、『華厳経』の一章「入法界品《にゅうほっかいほん》」である。もっとも天台教学の「五時」の第一時としての「華厳時」は、唐の時代の賢首大師《けんじゅだいし》法蔵《ほうぞう》（六四三―七一二）が『華厳経』にもとづいて築きあげた中国的な教学を指している。

天台の教学によれば、釈迦が悟った後に初めて説いた経典が『華厳経』である。この経典は、釈迦の悟りの内容が「生のまま」、しかもすみやかに（頓）説かれたものといわれ

る。この経典の内容は優れたものであると認められているのであるが、その説き方が、聞き手の能力などに対する充分な配慮がなされていない経であると考えられた。第二時以後、釈迦は聞き手の能力や素質に合わせて法を説いたというわけである。

第二時は阿含時《あごんじ》である。「阿含」とは、文字通りにはサンスクリット（梵語《ぼんご》）およびパーリ（巴利語）では「伝えられたもの」「伝統」を意味するが、ここでは阿含経典群を指し、古代の伝統を、より強く伝えているテーラヴァーダ仏教では、『ニカーヤ』と呼ばれる経典群に相応する。『法華経』『華厳経』等の大乗経典は、バラモンたちの文語であるサンスクリットで書かれたが、大乗仏教以前に成立した阿含経典群等は、「俗語」の一種であるパーリで書かれた。この経典群は漢訳されて『阿含経』と呼ばれるひとまとまりの経典として残っており、漢訳の量は『源氏物語』の数倍にのぼる。

弟子たちとともに東インドを歩きながら、釈迦は弟子たちや彼のまわりに集まった人々に教えを説いた。身近なたとえを引きながら、釈迦は雲の上に住む超人的な神としてではなく、「川の彼岸《ひがん》に人々を渡す船頭」として教えた。このように、『阿含経』は生身の釈迦の息吹《いぶき》を伝える経典であり、後世の大乗仏教に見られるような高度の哲学的思弁が語られているわけではない。

天台の教判では、釈迦は短い華厳時の後、一二年間にわたって『阿含経』を説いたとされる。その際聴き手とされているのは、いわゆる「小乗仏教徒」の声聞《しょうもん》と独覚《どっかく》（縁覚《えんがく》）である。大乗仏教徒たちは、小乗仏教徒たちを声聞と独覚という二種のタイプに分ける。前者は、釈迦の教説（声）を聞いてそれをよく憶《おぼ》えている者を意味し、後者は、釈迦の教説を聞きながらも何らかの手だてで「ひとりで目覚めた者」を意味する。中国では、声聞のための教えを「声聞乗」、独覚のための教えを「独覚乗」と呼び、両者をまとめて「二乗」と呼ぶ。ちなみに、大乗仏教では菩薩《ぼさつ》のための教えを「菩薩乗」と呼ぶ。また、かの二乗と菩薩乗を合わせて「三乗」と呼ぶ。

小乗の教えを説いた後の第三時（方等時《ほうどうじ》）は、八年間続いたとされる。この時期には大乗仏典が説かれ、その対象は菩薩たちであるが、その内容は菩薩乗（大乗）のなかでは「初歩的なもの」にすぎず、大乗の奥義を明らかにするまでにはいたっていないと考えられた。具体的には『維摩経《ゆいまきょう》』などを指しているが、歴史的にはこれらの大乗経典が大乗仏教の初期に成立したというわけではない。むしろ次期の『般若経《はんにゃきょう》』の方が方等時の経典よりも先に成立している。

般若時――空というテーマ

第四の般若時《はんにゃじ》二二年間には、般若経典群が説かれた。『阿含経』が一冊（部）の経典ではなかったように、『般若経』も一冊の経典ではない。もっとも初期の『般若経』（『原始般若経』）は紀元前後に成立しており、初期大乗を代表する経典だ。また『般若経』はサンスクリットで書かれており、仏教徒たちがバラモンの文化を吸収し始めた時期のものであることを物語っている。『般若経』とは正確には『般若波羅蜜多経《はんにゃはらみたきょう》』（プラジュニャー・パーラミター）という。「プラジュニャー」（般若）とは智慧《ちえ》を、「パーラミター」とは「完成」あるいは「彼岸《パーラ》にいたった《ミター》（智慧）」を意味する。現代の研究者たちの多くは完成の意味にとり、「般若波羅蜜」をしばしば「智慧の完成」と訳す。漢訳経典やチベット仏教の伝統では、「彼岸にいたったもの」の意味にとっている。

『小品《しょうほん》般若経』『大品《だいほん》般若経』などさまざまな『般若経』が編纂《へんさん》されたが、日本でよく読まれる『般若心経《はんにゃしんぎょう》』は密教の要素を多分に含んでおり、四世紀頃の成立と考えられる。このように般若経群は実に数世紀、あるいはそれ以上にわたって編纂され続けたのである。『般若経』の主要テーマは、すべてのものが空《くう》（シューニャ）であることだ。「空」あるいは「空性」の意味は時代とともにさまざまに変化し、大乗仏教思想史を「空の解釈史」ととらえることもできるほどである。「空」の元来の意味は、いかなるものも恒常不変の実体を欠くということである。空の思想は大乗仏教の全歴史の基礎となったが、密教の基礎にも空思想がある。

いかなるものも実体を欠くという空の立場は、有と無、能動と受動、自と他などのどちらの側（辺）も否定する。例えば「ものは有でもなく、無でもない」というようにである。天台の教学にあっては第四時に説かれる『般若経』は、小乗の二乗（声聞と独覚）でもなく、大乗の菩薩乗でもない、という空の立場を表明していると考えられている。最後の第五時においては、小乗でもなく大乗でもないという否定が表面に出た立場ではなく、一《いち》乗《じょう》という新しい立場が説かれるのであるが、第四時はその準備となる。

法華・涅槃時——説法の終了

第五時の法華《ほっけ》・涅槃《ねはん》時《じ》は、釈迦説法の最後の時期であるが、この時期に『法華経』と『涅槃経』が説かれたとされる。すでに述べたように、『法華経』がほぼ現在のかたちをとったのは三世紀末頃と考えられているが、この経典のテーマは二点である。第一点は、小乗のためでもなく大乗のための教えでもなくて、小乗も大乗もともに帰することのできる「一乗」（エーカヤーナ）を説くことであり、第二点は、「久遠《くおん》」すなわち永遠の命（寿）を有する如来が説いた教えだと主張することであった。天台の教学は、『般若経』の説く空の思想と『法華経』の一乗・久遠仏の思想との調和を説く。『法華経』によってそれまで明らかにされなかった奥義があらわになった後、仏の入滅時に『涅槃経』が説かれたと考えられた。

『涅槃経』の内容は、『法華経』と似てはいるが、「仏性《ぶっしょう》」という概念を重視することなどはこの経の特有の点である。「一切の衆生は悉《ことごと》く仏性有り」（一切衆生　悉有仏性）という句は、天台・真言のみならず日本仏教全体にわたってよく知られているが、『涅槃経』の中の一節である。天台の教学では『法華経』が中心であることはいうまでもないが、同じく第五時の説法と考えられた『涅槃経』にもかなり重要な位置が与えられた。

釈迦すなわちブッダがおくった布教生活四五年の間に、五段階（五時）を通じてしだいに仏法の奥義が明らかとなるさまは、従来、朝日が昇り、日の光を順に強くし、真南にいたるさまにたとえられたり、牛乳が変化してヨーグルト、バター、そして最後にチーズとなるさまにたとえられた。

「五時」にもとづく天台教学は、中国、日本におけるライバルであった華厳教学の優秀性を認めて「棚上げ」した上で、小乗経と大乗経全体を見渡した後、『般若経』の空思想と『法華経』の一乗思想とを組み合わせて構築されたのである。

3　インド仏教の諸学派

アビダルマ哲学の時代

天台の五時は経典（スートラ）にもとづく区分であったが、空海の教判はむしろ論典（シャーストラ）にもとづいている。空海および真言宗の教判を理解するためには、インド仏教史における哲学諸学派、とくに有部《うぶ》、中観派《ちゅうがんは》、唯識派《ゆいしきは》（中国・日本ではそれぞれ倶《く》舎宗《しゃしゅう》、三論宗《さんろんしゅう》、法相宗《ほっそうしゅう》）の歴史と思想を概観する必要がある。

釈迦の没後、二世紀ほどを経ると教団が分かれ、部派仏教の時代に入ったことはすでに述べた。この時代になると、人間の心作用や感官の対象をくわしく分析し、いくつかの要素（ダルマ）に分類する型の学問がいくつかの仏教部派の中で盛んになった。それらの派の中で特に大きい「有部」と呼ばれる派は、大乗仏教誕生以前から活動していたので、この派をインドの大乗仏教徒たちや中国の天台大師らは「小乗仏教」ととらえた。

しかし、有部がその理論を作りあげていったのは紀元後であり、その完成は大乗の学派である唯識学派と同時代であり、四世紀頃であった。というよりも、有部の教説の集大成といわれる『倶舎論《くしゃろん》』の作者と唯識思想を確立させた『唯識三十頌《ゆいしきさんじゅうじゅ》』の著者は世親《せしん》（ヴァスバンドゥ、四世紀頃）であり、同一人物なのである。この二つの著者は別々の世親であったという「世親二人説」もあるが、いずれにせよ有部は、大乗仏教において基礎科目としての位置を与えられたのである。

チベット仏教においても、『倶舎論』を中心とする有部は「小乗仏教」と呼ばれているが、これも大乗仏教がみずからの教理体系の歴史の中で基礎科目として取り入れた「小乗」である。チベット、中国、日本の仏教史の中で、大乗仏教はそれ自身の中に「小乗」を持ち続けてきた。天台の教学のねらいは、自らの中の「小乗」をいかにして「大乗」と融和させて「超‐小・大乗」である「一乗」を作りあげるかにあった。

『倶舎論』（阿《あ》毘《び》達磨《だつま》倶《く》舎論《しゃろん》）の「倶舎」とは、倉庫、蔵を意味するサンスクリット「コーシャ」の音写であり、ここでは集大成の意味でもちいられている。「阿毘達磨」（アビダルマ）の「アビ」とは、「～に対して、～に関して」を意味する接頭辞であり、また「ダルマ」（法）とは、義務、法則、教えなどさまざまな意味にもちいられる語だが、「アビダルマ」の場合の「ダルマ」は、世界を構成する要素すなわち個々の存在あるいは存在一般を意味する。したがって、「アビダルマ」とは「存在に関する学」を意味し、倶舎宗の基本的論典である『阿毘達磨倶舎論』は「存在に関する学の集成」を意味する。

『倶舎論』の学派つまり有部は、世界の諸構成要素はそれぞれ独立した存在であると考える。彼らによれば、これらの諸要素は過去・現在・未来の三時にわたって実在する。これを伝統的に「三世《さんぜ》実有《じつう》」と呼びならわしてきた。もっとも彼らも仏教徒であるゆえに、ブッダ以来の「諸行無常《しょぎょうむじょう》」という鉄則を守る。つまり、有部はダルマは三時にわたって存在し続けるのではあるが、瞬間瞬間に未来から過去の世界に「射落」し続けるのであり、現在のみに接しつつあるわれわれ人間にとっては、ダルマは現在の瞬間にのみ存在すると主張するのである。

有部の教説のもっとも重要な部分は、それぞれのダルマがそれぞれ独立した実体であると考えられたことだ。この教説では、感官が対象をとらえる際の認識論的場面、煩悩《ぼんのう》をしずめていく修行の場面などにおけるあらゆる心作用が、個々の独立したダルマの結びつきや分離によって語られる。

このような理論では、因果関係がすこぶる重要である。原因（x）が結果（y）を生む、というのがアビダルマ哲学の大原則であった。原因は結果を生むゆえに「原因」と呼ばれるのであって、結果を生まないような原因はあり得なかった。このような原因・結果関係は、世間一般の常識にかなうものであった。しかし、大乗仏教の中観派は世間一般の常識に反して、「原因が結果を生む」ということはあり得ない、と主張して登場した。

大乗仏教――中観派と唯識派

インド大乗仏教においては、中観派と唯識派の二つの学派が成立した。密教は、この二学派と並ぶ独立の派としては考えられなかった。七世紀中葉のインドを旅した玄奘《げんじょう》の『大《だい》唐西域記《とうさいいきき》』には、密教のことはほとんど触れられていない。少なくとも当時インドにおいて、密教が大きな勢力を仏教教団の中で有していたとは考えられない。もともと中観派と唯識派とが二つの哲学学派としてある次元と、密教が大乗仏教の一形態としてある次元とは異なる。哲学的あるいは思想的には、密教はほとんど中観派、時には唯識派に依《よ》っているのであって、密教自体が中観派などと対抗すべき哲学を有したわけではなかった。

しかし、一一、一二世紀ともなると状況が異なってきた。哲学・思想的にも密教が中観や唯識といった非密教（顕教《けんぎょう》）と対抗し得るものだ、という考え方が生まれてきたのである。一二世紀のアドヴァヤヴァジュラの『真理の宝環』（ラトナーヴァリー）には、大乗仏教が「般若乗《はんにゃじょう》の考え方（ナヤ）とマントラ（真言）の考え方の二種に分かれる」と書かれている。この場合の「マントラの考え方」とは密教のことであると考えてよい。

一一、一二世紀の仏教僧院では、密教の理論および実践が主要な課題となっていた。しかも、僧院長クラスの人物が密教のプロジェクトに関わったのである。ヴィクラマシーラ僧院長であったアバヤーカラグプタ（一一―一二世紀）の著作のほとんどが、密教に関するものであった。彼の仏教のホーマ（護摩）やマンダラの理論の実践に関する著書は、後期仏教密教（タントリズム）の基本文献となった。

僧院の外には、いわゆる在野の密教行者《ぎょうじゃ》たちがいた。ナーローパのように、僧院長の職を捨てて行者となる者もいた。彼らはさまざまな修行を積んだ後、「完成《シッディ》」を得たといわれている。「八四人の完成者《シッダ》」が有名だ。彼らはそれぞれ洞窟《どうくつ》や庵《いおり》の中に住んだのであり、教団を形成していたわけではない。このようにインドにおいては、密教は僧院の中の研究科目となるか、在野の行者たちによって実践されたのであり、日本におけるように、浄土宗や禅宗と並んで密教の宗派である真言宗や天台宗があるといった状況とは異なっていた。

話を、大乗仏教の二つの学派、中観派と唯識派にもどそう。この二学派は、中国では三論宗と法相宗として引き継がれるが、中観派や唯識派の思想内容とはかなり異なったものとなった。

八宗の祖、龍樹

龍樹《りゅうじゅ》（ナーガールジュナ、一五〇―二五〇頃）は『中論《ちゅうろん》』、『論争の超越』（廻諍論《えじょうろん》）をあらわし、中観派（マーディヤミカ）の祖となった。中国仏教にあっては『大智《だいち》度《ど》論《ろん》』も龍樹に帰せられていたが、今日では、彼の言葉を含むにしてもほんのわずかと推定されている。彼の主著は『中論』であり、この書ではそれまで一応別の思想であった空と縁起との統一がなされている。『中論』によって大乗仏教に理論的モデルを与えた龍樹は「八宗《はっしゅう》の祖」といわれ、天台宗も真言宗も彼を祖と仰いでいる。天台の教学の骨子は、『中論』二

四章第一八偈《げ》にある。すなわち、

縁起なるものそれを空性と呼ぶ。それ（空性）は仮説であり、中道である。

ここで龍樹が「縁起」と呼ぶものは現象世界であるが、厳密にいうならば言葉によって表現された世界のことである。例えば、「人が歩く」という言葉（命題）によって表現されている人と歩く動作とは、縁起の関係にあると龍樹は考えた。「人が歩く」という縁起の世界（現象）は、究極的な立場では空性（空）であり、そこでは言葉は止滅《しめつ》しているという。

しかし、空性は言葉を永久に拒否してしまうわけではない。空性の働きによって言葉はよみがえるという。この言葉のよみがえりが「仮説」（仮設）と呼ばれる（拙著『はじめてのインド哲学』講談社現代新書、一九九二年、一一八頁参照）。この仮説がまた「中道」とも呼ばれている。このように『中論』のかの偈では、「縁起」「空性」（空）および「仮・中道」という三つの概念が重要である。「仮」と「中道」とは同じことを指している。

しかし、天台の教学では、後に考察するように、「空」「仮」「中」という三つを基本概念としている。つまり、天台の教学では、「縁起」が落ち、「仮」と「中」とが異なる基本概念として扱われている。天台における「空」「仮」「中」および「縁起」については後（本書第四章第二節）に考察するが、ともあれ、『中論』では、縁起→空→仮・中道という方向が見られた。龍樹は『中論』の中では「空性なるものは縁起である」とはいっていない。さらに『中論』では、一度空性にいたらないうちは「仮説」とは呼べないのである。

しかし、天台の教学では「仮」の中に「縁起」の意味をも取りこんでしまったので、「縁起から空へ」と「空から仮説へ」という二つの方向を表現するために、「仮から空へ」と「空から仮へ」といい表わすことになった。しかし、「仮から空へ」の「仮」と「空から仮へ」の「仮」とは、宗教実践の過程の観点から見て異なるものである。異なるものが同じ文字によって表現されたところに、中国の仏教理解のひとつの態度が示されている。そこでは、『中論』における方向性、時間性は失われている。

龍樹の『中論』に対して、インドでは一〇種あまりの註釈が書かれたというが、今日では漢訳やチベット訳のみに残っているものを合わせて八種が残っている。インドの中観派の歴史は、『中論』の註釈の歴史といっても過言ではないが、中国の「中観派」つまり三論宗は、龍樹とその弟子聖提婆《だいば》（アーリヤデーヴァ、二―三世紀）の著作を研究した。もっとも、中国および日本において読まれた『中論』は、四世紀頃のインド人ピンガラ（青目《しょうもく》）があらわし、鳩摩羅什《くまらじゅう》（三四四―四一三または三五〇―四〇九）が訳した『中論』であった。

壮大なスケールをもつ空海の教判

空海の密教と中観派との関係は説明の便宜上、後におこなうことにしたい。
すでに述べたように、インドの唯識学派を確立させたのは世親であった。彼の『唯識三十頌』はわずか三〇の詩頌《ししょう》からなるが、唯識派の根本経典となった。護法《ごほう》（ダルマパーラ）があらわした註釈『成唯識論《じょうゆいしきろん》』は玄奘によって訳されたが、中国・日本ではこれが「唯識派」つまり法相宗《ほっそうしゅう》のもっとも重要な教科書となった。奈良時代の南都《なんと》仏教では、法相宗は最大の勢力を誇った。しかし天台も真言も、唯識思想はほとんど取り入れなかった。

空海の教判は、仏教以外の思想をも視野に入れた壮大なスケールのものである。渡航よりかなり前、二四歳の時の著作『三教指帰《さんごうしいき》』で空海は、儒教《じゅきょう》・道教・仏教のうち、仏教をもっとも優れた教えとして選ぶにいたった理由を戯曲風に述べているが、晩年の主著『十住心論《じゅうじゅうしんろん》』には、宗教的な心の深化・浄化のプロセスとして「十住心」が述べられている。この「十住心」のうち、第一から第三住心までが世間一般の道、第四住心以降はそれぞれ、声聞乗、縁覚乗、法相宗（唯識派）、三論宗（中観派）、天台宗、華厳宗、および自身の真言宗に相応すると空海は考えている。このように空海は中観、唯識、天台、華厳を見すえて、密教を最高のものと主張する。

ここで、これまで述べてきたことをまとめておこう。インド思想史は六期、すなわち、(一) インダス文明、(二) ブラーフマニズムの時代、(三) 仏教の時代 (紀元前五〇〇年頃—紀元六〇〇年頃)、(四) ヒンドゥー教の時代 (紀元六〇〇年頃—紀元一二〇〇年頃)、(五) イスラム教支配の時代、および (六) ヒンドゥー教復興の時代に区分することができる。インドにおいて仏教が存続したのは、第三・四期においてであった。

大乗仏教は第三期の中頃つまり紀元一世紀頃に生まれた。初期大乗仏教の代表的経典であり、最澄が重視した『法華経』は、紀元前三世紀末までには成立していたと推定される。第三期末期までに大乗仏教は教義と実践形態両面にわたって確立していたが、第四期に入ると仏教密教が急速に勢力を伸ばした。大乗仏教は第四期の終わり頃にインド亜大陸から消滅してしまう。空海が唐において学んだ密教は、第四期に入ってインドにおいて展開されたものが八世紀末までに中国に導入されたものであった。

最澄と空海は、インド仏教や中国仏教の理解の一形態として、それぞれの方法で彼ら以前の教学をランキングづけする「教判」をおこなったのである。

第二章　中国——仏教のメタモルフォーゼ

1　中国仏教の時代区分

天台と華厳——中国的思惟が築いた仏教

最澄と空海が留学先の唐で接したのは、中国人によって理解された仏教であった。当時の中国でとくに勢力があった天台と華厳の教学は、中国人が中国的思惟《しゆい》によって構築した仏教であった。天台大師智顗《ちぎ》（五三八—五九七）が教学を築いた時代は、中国の仏教が導入・翻訳の時代を経て、中国的仏教の展開に入った時期であった。

中国の仏教史は次の四期に区分することができる。

第一期　伝来の時代
　——後漢《ごかん》（紀元二五—二二〇年）から西晋《せいしん》（紀元二六五—三一六年）まで

第二期　定着の時代

——五胡《ごこ》十六国（紀元三〇四—四三九年）から南北朝に分裂していた中国を隋が統一するまで

第三期　成熟の時代

——隋唐《ずいとう》時代（紀元五八一—九〇七年）

第四期　民衆浸透の時代

——宋《そう》朝（紀元九六〇—一二七九年）以降の時代

（この時代区分に関しては、鎌田茂雄『中国仏教史』岩波書店、一九七八年を参考にした）

以上の四期それぞれについて、ごく簡単に見てみよう。

［第一期　伝来の時代］

中国には紀元一世紀に仏教が伝来している。もっとも中国の西隣の西域《さいいき》地方には、インドのマウリア朝（紀元前三二一—前一八一年頃）の時代に仏教が伝えられていた。前漢の武帝《ぶてい》（在位紀元前一四一—前八七年）が西域地方に進出したのをきっかけに、中国には西域地方から外国の人間や文物が多くもたらされるようになった。紀元二世紀には、西域地方から仏教僧がつぎつぎと中国を訪れ、仏典の中国語訳（漢訳）にたずさわった。

このように第一期は、西域地方出身者を通じて仏教が伝来し、中国人がそれを受容した時代といえよう。

〔第二期　定着の時代〕

仏教が中国の社会一般に宗教として流布したのは、四世紀後半以降である。仏図澄《ぶっとちょう》（？―三四八）や鳩摩羅什《くまらじゅう》が西域から来て仏典の翻訳を精力的におこなったが、法顕《ほっけん》（三三九？―四二〇？）などのように、直接インドあるいは西域に出かける者も現われた。北魏《ほくぎ》の文成帝《ぶんせい》（在位四五二―四六五）以来、三五年を費やした雲崗《うんこう》の石仏、北魏の孝文帝《こうぶん》の龍門石窟《りゅうもんせっくつ》などの国家的造営事業が仏教の名のもとにおこなわれた。

ところで、一般社会の中に仏教が定着していった際、人々が主として仏教の中に求めたものは呪術《じゅじゅつ》的な機能であった。除災、病気治癒《ちゆ》、怨霊《おんりょう》払いといった現世利益《げんぜりやく》の側面が、まず人々の心を引きつけたといっても過言ではないであろう。仏教はすでに中国にあった道教、陰陽思想、神仙道などと結びつきながら、中国社会の中に定着していった。したがって、仏教僧にも道教の道士が持つような霊能力が期待されたのであるが、先ほど述べた仏図澄をはじめ、外国から来た仏教僧の多くが霊能力を備えていたと伝えられている。

［第三期　成熟の時代］

隋唐の時代に中国仏教は開花する。仏教密教がもっとも盛んになるのもこの時期である。隋（五八一—六一八年）の時代には、三論宗や天台宗が発展し、唐（六一八—九〇七年）の時代には法相、華厳、律《りつ》、禅、浄土さらに密教が勢力を得た。これらの学派のうち、とくに天台と華厳が重要だ。天台大師智顗《ちぎ》が完成させた天台教学と、賢首《げんじゅ》大師法蔵《ほうぞう》が築いた華厳教学こそ、中国人の思惟による仏教思想の体系だった。

この二つの思想の根本は呪術的行法《ぎょうほう》や現世利益にあるのではなく、仏教が本来求めてきた悟りにある。このことは天台と華厳にかぎったことではなく、唐の時代には他の諸派の究極的な目的も、悟りあるいは輪廻《りんね》からの解脱《げだつ》にあった。唐時代の仏教密教も、それ以前の仏教密教とは大きく異なっていた。それは、インドにおける仏教密教の変質を迅速《じんそく》に反映したからである。紀元七世紀頃にインドの仏教密教は、それまでの呪術的密教から宗教的悟りの感得を目指す宗教へと転換したのであるが、唐時代の仏教密教はその転換後の密教であった。九世紀の初頭に空海が日本に伝えたのは、この転換後の密教であった。

またこの第三期には、律宗の道宣《どうせん》、浄土教の善導《ぜんどう》、禅宗の慧能《えのう》など、仏教の各方面にわたって優秀な仏教者が輩出した。

〔第四期　民衆浸透の時代〕

この時期の仏教は、第三期に見られるような創造的エネルギーはないが、民間の信仰や習俗の中に、道教、陰陽思想、神仙道と混交しながら浸透していった。いささか乱暴な比較をするならば、「創造的」であった鎌倉《かまくら》仏教の後の時代の日本仏教が、教理的にはそれほど見るべきものを持たなかったにもかかわらず、社会の中にはより広く深く浸透していったことと似ているといえよう。

2　中国の天台宗と密教

中国仏教の開花

プロローグで述べたように、最澄は九世紀初頭、唐の時代の中国に留学した。当時、唐ではすでに嘉祥《かじょう》大師吉蔵《きちぞう》（五四九—六二三）が確立した三論宗、玄奘《げんじょう》が伝え慈恩《じおん》大師基《き》（六三二—六八二）が大成した法相宗《ほっそうしゅう》、賢首《げんじゅ》大師法蔵《ほうぞう》の華厳宗の教学などが「出揃って」おり、一方では密教が新しい仏教として勢力を伸ばしていた。これらは唐の仏教を代表する宗派・学派であったが、最澄の学ぼうとした天台の教学は、隋の時代のものであった。その後、天台の教学はそれほど勢力を得ることはなかったのであるが、最澄が渡る頃には湛《たん》然《ねん》等の努力によって再び有力な教学となっていた。このように、最澄が渡ることのできた時期は、中国仏教がまさに開花した時だったのである。

天台大師智顗《ちぎ》は、南北朝の時代、南朝の梁《りょう》代の末期、五三八年に荊州華容県《けいしゅうかようけん》に生まれた。一八歳で出家、二〇歳で具足戒（一人前の僧が守るべき戒律）を受けた。二〇代は大蘇山《だいそざん》の慧思《えし》のもとで修行し、三〇代は金陵《きんりょう》（今の南京）で活動した。その頃、北周の武帝による仏教弾圧があったが、その惨状を聞いて智顗は五七五年、三八歳の時天台山《てんだいさん》に入った。その後の一〇年は天台山で過ごす。四八歳に山を降り、六〇歳で生涯を閉じるまでは、金陵、廬山《ろざん》、故郷の荊州、天台山などに移り住んで伝道と研究の日々を送った。

智顗は五〇歳の時『法華文句《ほっけもんぐ》』を、五六歳の時『法華玄義《ほっけげんぎ》』を、五七歳の時『摩訶止《まかし》観《かん》』を講説し、この三つをすべて弟子の灌頂《かんじょう》（五六一—六三二）が筆録した。この三書が天台三大部といわれている。『法華文句』は羅什訳の『妙法蓮華経』に対する註釈《ちゅうしゃく》であり、『法華玄義』は天台による法華哲学の展開であり、第三の『摩訶止観』は天台の修行の過程を述べたものである。

天台智顗は六世紀の人であり、最澄が比叡山で勉学した頃までに、日本には天台関係の図書は数多く入ってきていた。最澄は、天台山へ行って自分の天台の理解を確かめたかったのであろう。

一方、唐に渡って新しい仏教としての密教を学びたいという空海の思いもまた、最澄の思いに劣らぬ強いものであったろう。

唐の仏教密教

仏教の密教は『大日経《だいにちきょう》』によって確立されたのだが、これはインド・オリッサ出身の善《ぜん》無畏《むい》（六三七―七三五）と中国人の弟子一行《いちぎょう》（六八三―七二七）によって七二四年に中国語に訳し終えられていたと伝えられる。空海は唐に渡る前に、『大日経』の漢訳に接していたと伝えられる。『大日経』と並んで重要な『真実摂経《しんじつしょうきょう》』（初会《しょえ》の『金剛頂経《こんごうちょうきょう》』）はインド僧金剛智《こんごうち》（六七一―七四一）によって訳出された。彼の訳した『真実摂経』は発展段階のものであったが、より整備された『真実摂経』が、彼の弟子である不空《ふくう》（七〇五？―七七四）によって翻訳された。

唐の仏教密教の基礎は、善無畏と金剛智という二人の外国人によって築かれた。この両者はともに唐の王室に迎えられたのであるが、両者には密接な交わりはなかったようである。善無畏とともに『大日経』を訳出した一行は、天文学にも優れた業績を残しているが、四五歳で没したこともあり、自身の密教学を大成することはできなかった。

中国の仏教密教を完成させたのは、金剛智の弟子不空である。彼はインド系の帰化人の子孫といわれる。一三歳で長安に入り、その後約五〇年余を中国で生きた。四〇歳前後でインドへ旅行をし、サンスクリットの経典を持ち帰っている。師金剛智が訳した『真実摂経』よりも、一段と整備されたかたちの『真実摂経』を訳出したことはすでに述べたが、ほかにも密教経典を数多く訳している。彼は唐の朝廷に重んじられ、当時宮廷内で権力を得ていた宦官《かんがん》や軍人たちとの親交もあった。不空は仏教を護国思想と深く結びつけようとした。不空の没後、その後継者となったのは恵朗《えろう》といわれるが、不空の死後、数年で没したようだ。その後の唐の仏教密教には、彼らの時代ほどの活力はなかった。

不空の弟子に青龍寺《しょうりゅうじ》の恵果《けいか》（七四六—八〇五）がおり、この人から空海は密教の法を伝授されたのである。恵果は空海と会った半年後に没している。空海の帰国後、九世紀中葉、円仁や円珍が唐で密教を学んでいるが、前に述べたように、彼らの将来したものは空海の将来したものとそれほど差がない。唐王朝は九〇七年に崩壊する。唐以後、中国では雲南の大理《だいり》国などを別にすれば、密教は急速に勢力を失った。このように考えるならば、空海が渡った九世紀の初頭は、中国の密教の開花していた最後の瞬間であったといえよう。もう半年遅ければ、空海は恵果に会えなかった。恵果の伝授、援助がなければ、空海の真言宗はなかったかもしれないのである。

3 中国仏教の基礎概念

実在論と唯名論の論争史

最澄や空海が学んだ中国仏教は、その源泉はインドのものであったが、中国人の思惟のフィルターを通したものであった。とくに天台の教学は、中国人が自分たちの操作概念をもちいてインドからの思想を作り直したものであった。それを最澄がさらに「日本流」に据えなおしたのである。

中観派の登場の箇所で触れたように、インドにおいて二つの哲学的立場が論争を続けてきた。その二つとは、「インド的実在論」と「インド的唯名論」と呼ぶことができる。この二者の違いは、実体と属性との関係をどのように考えるかにある。例えば、赤いリンゴを考えてみよう。インドでは「リンゴ」と呼ばれるある実体を基体としてその上に赤色という属性が乗っていると考える（図2参照）。厳密には「リンゴ」という名称すらかの実体の上にはなく、その名称がその実体と結びつくものであるゆえに、かの実体が「リンゴ」と呼ばれるのである。リンゴにおいては、重さも香りも属性としてかの実体という基体の上に存している。リンゴが落下するときには、リンゴという基体に落下という運動があると考えられる。

実在論者たちは、実体と赤色などの属性や運動が別個のものであり、赤色、重さ、香りなどの属性もそれぞれ独立した存在であると考える。したがって、赤いリンゴから赤色、重さ、香りなどをもし取り除くことができたとするならば、色もなく、重さもなく、香りもなく、リンゴとも呼べないけれども何ものかが実体として残ると考える。論理学派（ニヤーヤ）、自然哲学派（ヴァイシェーシカ）が実在論の代表である。

一方、唯名論者たちは実体と属性・運動とが別個のものだとは認めないが、彼らは二つのグループに分かれる。つまり、第一グループは、実体は実在せず、属性・運動すなわち現象が存在すると考え、第二グループは属性・運動（現象）は実在ではなく、基体としての実体は実在すると考える。第一のグループの代表は仏教であり、第二のグループはイン

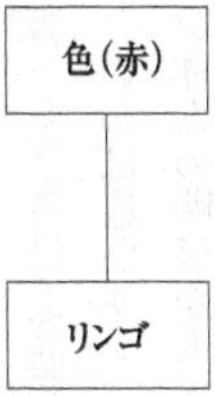

図2　リンゴと赤色との関係

ド最大の学派であるヴェーダーンタ派によって代表される。仏教の中ではアビダルマ哲学がやや実在論に近い。このことについては拙著『はじめてのインド哲学』(講談社現代新書、七八頁以下参照)で詳述した。

いわば赤いリンゴを見ながら、インドの哲学者たちは赤色と「リンゴ」と呼ばれるかの実体との関係を考え続けた。実在論者たちは赤色とかの実体とは和合(内属)という関係によって結ばれているという。それに対して、唯名論者たちは「それならば和合と赤色あるいは和合と実体との間にまた別の関係が必要となろう」と問う。すると実在論者たちもまた、別の関係を考え出して応戦する。このような論争を、インド人たちは二〇〇〇年以上続けてきた。

中国にもインドほどではないけれども、いわゆる実在論と唯名論との論争の歴史がある。「白馬《はくば》は馬にあらず」云々《うんぬん》というかの有名な論議も、この論争の一コマである。全体として中国人の思惟方法は唯名論的であるといえよう。仏教が中国に比較的スムーズに導入された一つの原因は、中国人の思惟方法が唯名論的であったこと、すなわち実体と属性・運動の区別をあいまいにしようとしたことであったと思われる。

中国仏教のキーワード

中国の仏教徒たちも、彼らの哲学的思索をおし進めるための基礎的な概念を考え出した。それらは二つあるいは三つの概念がセットとなったものであり、本書におけるわれわれの問題と直接的に関係するのは次の二組である。

第一組　体《たい》、相《そう》、用《ゆう》

第二組　理、事

第一組の概念の中の「体」はインド仏教における実体、「相」はすがた（属性）、「用」は作用・働き（運動）と一応考えることができる。しかし、注意すべきは、「属性（グナ）」は赤色、重さ、香りなどの個々の性質であるが、「相」は問題となるものの全体的すがたを指すという違いのあることだ。中国では哲学のみならず、日常一般の場面においても「相」という概念がよくもちいられている。手、顔、家、墓、土地など、ほとんどあらゆるものの「相」が問題となる。しかし、中国人は相と体との区別をことさら取りあげて論議することはほとんどない。

サンスクリットから漢訳された仏教文献にも、「相」という語はもちいられている。「相」と訳された語の一つに、「ニミッタ」(nimitta) がある。これは、しるしあるいは特質という意味であって、すがたのことではない。また「ラクシャナ」（laksana）も「相」と訳されるが、これも特質を意味する。例えば、牛を定義するのにインドでは「垂肉《すいにく》等を有するもの」という。たしかに、牛に似ているが、馬や羊には喉《のど》の下に垂れる肉の部分はない。垂肉こそ牛のみにある特質である。このような特質を「ラクシャナ」と呼ぶ。これはすがたとしての相ではない。

もちろんインド人たちの間に、形状としてのかたちという概念がないわけではない。例えば、牛とは四足、頭、尾などがある大きい動物だ、というようなおおよそのかたちは「サンスターナ」と呼ばれる。この概念が哲学的な基礎概念となったことは、例えば一二世紀のヒンドゥーの思想家ラーマーヌジャにおけるように、ないわけではないが、中国における「相」のようには重視されなかった。中国人たちが、すがた（現象）という意味での「相」という概念を重視したことは、インド的唯名論に属する仏教の中国への導入を、よりいっそう容易なものにしたと思われる。

「用」とは、問題になっているもの（体）に存する働きをいう。例えば、赤リンゴが食用となるというように。「用」はこのように、われわれ人間にとってどのような役に立つのかという側面も含まれる。なお、「用」を欠く「体・相」という組の概念もしばしばもちいられる。

第二組の概念である「理」と「事」は第一組ほど一般的ではないが、哲学の面ではより重要であり、かつ中国的である。「理」が本質、「事」は現象と、一応は置き換えることはできようが、正確なものではない。「理」と「事」に相当するサンスクリットの概念を見つけることは不可能であろう。「理」と「事」が、それぞれ「体」と「相」に相当するというわけではない。「理」と「体」とは、われわれの知覚が直接的にとらえていないという意味では似ているかもしれない。しかし、「理」は現象世界の背後にある根本原理であるが、「体」は現象世界の背後にある原理ではなくて、むしろリンゴとか牛とかの個々の現象の背後に存在すると考えられる物的基礎である。したがって、リンゴの「体」と牛の「体」とは異なっているが、リンゴの「理」と牛の「理」が異なるということはできない。リンゴも牛もそれぞれ「事」である。しかし、「事」という概念がもちいられるときには、すがたつまり「相」はほとんど問題とならない。「事」と「理」という一対の概念と、「体」と「相」という一対の概念には上下関係はなく、それぞれ別個の次元に関わっている。「理」と「事」を「普遍」と「特殊」と訳すことも正確ではない。

たしかに「理」には現象全体を貫く普遍性があり、「事」には個々の現象を指すという側面がある。だが、インド哲学の普遍と特殊とは、「理」と「事」とはかなり異なる。インド哲学の普遍（サーマーニヤ、ジャーティ）と特殊（ヴィシェーシャ）は両者とも実体に存する特性なのである。つまり、世界中のリンゴそれぞれにリンゴ性（リンゴであること）という一種の普遍が存すると考えられる。特殊もリンゴ個物を指すのではなく、リンゴを構成する一つ一つの原子に存する特質なのである。なおリンゴにはリンゴ性のみならず、それより上位の果実たること（果実性）、さらに上位のものたることなどのさまざまな普遍が存すると考えられる。

しかし、リンゴ性やその上位にある果実性は「理」ではない。理は下位、上位の関係にあるさまざまな普遍を超えたものなのである。

中国仏教から日本仏教へ

中国人は、右のような二組の基礎概念を場面に応じて使い分けた。考察の対象となる実体にある程度焦点があたっており、その実体がどのようなかたちをとるかが問題となるときには、「体・相・用」の組がもちいられる。一方、個々の現象のかたちが問題となるというよりも、現象全体を貫く根本原理と現象世界全体との関係が問題となるときには、「理・事」の組がもちいられる。「理・事」がもちいられるときには、個々の現象のすがたは問題とならず、「体・相・用」あるいは「体・相」がもちいられるときには全現象を貫く根本原理は問題とならない。

ただ「根本原理」といっても、ヒンドゥー哲学におけるブラフマン（梵《ぼん》）のように恒常不変の実在が想定されているわけではない。中国人にとっての「理」とは、あくまで「事」と相即関係にあるものであって、現象を超越した実在ではない。中国仏教、とくに天台、華厳の教学は唯名論的思索の代表である。

日本の仏教は、今述べたような中国仏教の唯名論的傾向を受けている。というよりも、日本的な仕方においてであるが、唯名論的立場を極端にまでおし進めたものが日本仏教であるといえよう。最澄と空海はその日本的展開を実質的におし進め、日本仏教の基礎を築いた。この二人の日本仏教の先達は、「体・相（・用）」、「理・事」の概念を駆使して、インド、中国の仏教の理解に努めながら、なお独自の思想を打ち出そうとしたのである。

プロローグで述べたように、天台宗の思想を一言でいえば、「諸法実相《しょほうじっそう》」（諸法は実相なり）であろう。これは「もろもろの現象（諸法）は実相（真実のすがた）そのものである」という意味だ。この場合の「実相」は、体に対する相ではなくて、相そのものが実すなわち真如《しんにょ》（真理）であるという意味での相である。「諸法実相」という表現は、羅什訳『妙《みょう》法蓮華経《ほうれんげきょう》』第二品（章）に登場する。しかし、そこでの「実相」は、仏が教えに説くもろもろのものの特質という意味なのであって、「諸法は実相なり」といっているのではない。『法華経《ほけきょう》』にもとづいた中国および日本の天台が、そのような思想を造りあげていったのである。この点については、第四章「天台実相論」において詳述する。

空海も「実相」という語を好んだ。とくに彼は言語に焦点をあて、言葉が世界であり、同時にそれは真如のすがた（実相）を示しているという。空海はまた、世界はマンダラのすがた（相）をとっており、地・水・火・風等の元素が世界の基礎（体）であるという。つまり、地・水・火・風等の元素そのものがマンダラの素材だというのであるから、体と相との相即性が重視されているのである。

4　天台と華厳――中国仏教の双生児

中国仏教の理論構築

中国人たちはインド・西域より仏教を導入し、自分たちの思索と実践によって中国的な仏教を生んだ。それはまず二つのグループに分けることができよう。一つは、天台と華厳という、世界および修行に関する教学体系を有するものであり、もう一つは禅と浄土という、どちらかといえば修行を中心とする教学体系であった。これらと比較するならば、密教は中国的な形態が熟成することはなかった。

そして、とりわけ理論構築という側面で、天台と華厳が中国仏教を代表する存在である。

天台あるいは華厳のいずれを扱うにせよ、われわれは常にこの両者を視野に置いておく必要がある。華厳教学の構築者である賢首《げんじゅ》大師が、天台の教学を下敷きにしているという側面もないではないが、天台と華厳はそれぞれ異なる問題に中国的視野の中でとり組んできた。

天台と華厳は、中国・日本の仏教を二分すると考えられたことがあった。『仏教汎論』(岩波書店、上・一九四七年、下・一九四八年) 第一〇章「諸法実相の法門」を、著者のインド哲学研究者宇井《うい》伯寿《はくじゅ》は次のように始めている。

　天台宗は、華厳宗が唯心縁起の法門と称せられるに対して、諸法実相の法門と呼ばれ、これが後に縁起立ちの法門、実相立ちの法門などといはれ、更に、単に縁起の法門、実相の法門とも略称せられ、遂に縁起論、実相論と呼ばれて、広く仏教一般が此二系統に分類せられるとし(後略)。

天台宗が代表する実相論と、華厳宗が代表する縁起論とが仏教教理を二分すると考えられていたことがあった、と宇井は指摘した後で、そのような二分法は正しいものではない、と主張する。

縁起論は宇宙に対して、それが何から生ずるかを研究し、時間的に、縦的に、その発生を究める説、実相論は宇宙が如何なる状態になつて居るかを明らかにし、空間的に、横的に、其実相を説明する説であると解釈し、此解釈が殆ど一般的に認められて、一時仏教界を風靡する程に流行し、其余弊は現今に於ても猶未だ掃尽せられて居ない状態である。

宇井伯寿が、仏教は「元来宇宙論などを論究するのが目的ではなく、かかる種類の形而上学は仏教の趣意を背反するものである」というのは正しい。しかし、明治から昭和初期にかけて、仏教における「世界」（世間）あるいは「諸法」に関する教理を「宇宙論」と呼んだ人々も、いわゆる大宇宙の起源や構造について天台や華厳の教説が述べているとは考えなかったであろう。問題は、中国や日本の仏教史の中で、天台や華厳の教理がどのような意味での「世界」あるいは「法」を扱っていたか、ということである。

縁起論と実相論とが仏教教理を二分すると主張する者は今日いないだろう。実際のところ、天台教学と華厳教学とは中国・日本の仏教を二分するものではなく、この二つは「似たもの同士」なのである。たしかに、天台は『中論』の空思想を重視するので、そのかぎりではインドの中観派の伝統を受け継いでおり、華厳は唯識思想にもとづくところがあるゆえに、インドの唯識派の伝統を継いでいる。しかし、中国仏教においておこなわれた天台と華厳との論争を、インドの中観派と唯識派との論争に比すことは正しくない。天台も華厳も、インド仏教にはなかったようなシステムを作りあげてしまっていたからである。この二つの間の論争のパラレルを、インドに求めることは困難だ。

日本人に合った思想

この二宗の間の論争に相応するものをインド宗教思想史の中に求めるとするならば、シャンカラの不二一元論的ヴェーダーンタ説と、ラーマーヌジャの被限定一元論的ヴェーダーンタ説とのヒンドゥー教内における論争である、というべきだろう。天台も華厳も、インド大乗仏教と比較するならば、個人の認識を超えた根源的実在を認めているからである。もちろん、天台や華厳がヴェーダーンタ説と同一だといっているわけではない。天台も華厳も「一切が空である」という仏教の大前提を守ってはいる。しかしながら、実在論を主張する論争相手のいなかった中国仏教においては、時代の経過とともに、空あるいは心に、生滅の彼方《かなた》に存在する恒常的な根源的存在であるという側面を与え続けた結果、インドのヒンドゥー教徒が聞けば自分たちの考え方と同じだ、と思うほどの実在視をおこなってしまったのだと思われる。そうした点で二宗は、似たもの同士である。

このように、天台や華厳は仏教を二分する思想ではなくて、中国仏教が生んだ二人の鬼っ子なのである。その鬼っ子ぶりは、日本の人々には魅力あるものだった。なにしろ、眼前に展開するものがそのままで真如として存在し、しかもわれわれの周囲に存在するもののすべてが、一つの調和ある存在であるという考え方は、すべてのものにアニミスティックな生命を認めようとする日本人には最適な世界観であったからだ。日本人には、眼前にあるもの（色）が本来は無（空）であるなどという思想は、初めから受け入れられるものではなかった。

山には神がおり、川には精霊が住み、風に霊のささやきを聞く。木や草花にも「生きた気」を感ずるというのが、古代日本人の自然観であった。神道はこの考え方を踏まえて、今日にいたっている。この二〇世紀においても、アニミスティックな考え方を持っている民族は世界の中でも珍しいと思うが、このようなアニミスティックな考え方が、日本に仏教が導入される際の精神的「器《うつわ》」であった。天台思想は、このような日本人の要請によく合ったのである。天台宗は後世、この種の方向の頂点として本覚思想を生んだ。本覚思想は、山や川、草や木すべてが仏性を有する、つまり、仏となることができると主張した。

時間的考察のない理論、天台・華厳

天台の教学は世界の生成に関するものではなく、華厳の縁起説も世界の生成過程の時間構造を語っているわけではない。華厳の縁起説は、ある時点における「世界」の静的な諸関係を見ているのであって、「世界」の時間的側面の考察ではすこぶる弱い理論体系である。そもそも、天台と華厳という中国・日本仏教を代表する仏教教理の体系は、時間に関する詳細な考察を欠いている。

一方、ヒンドゥー哲学においても、時間の考察が充分になされているわけではない。ヒンドゥー哲学の一派であるサーンキャ学派は、いわゆる「宇宙」——一個体の周囲世界というほどの規模しか持たない宇宙ではあるが——の生成に関する理論を有している。原質（プラクリティ）と「世界」の元素材がいかにして現象世界としてかたちづくられるのか、をサーンキャ哲学は説明する。その根本物質の展開（転変、パリナーマ）は時間の中でおこなわれるゆえに、この学派の教理では時間が充分に考察されているかのように思われる。しかし、元物質の展開の節目にどのようなことがあるのかということの説明はなく、サーンキャ哲学の宇宙論は、一枚の図に描かれた配線図のようなものだ。

ヒンドゥー哲学のもう一つの学派であるヴァイシェーシカ派の教説を見てみよう。この学派によれば、存在は六ないし七のカテゴリーに分けられる。すなわち、実体、属性、運動、普遍、特殊、和合の六ないし無（欠如）を加えた七である。この学派によれば、世界はこれらのカテゴリーのいわば積木細工として説明される。実体は原子のかたちをとっており、地、水、火、風などの実体の原子の集積を基体として、その上に属性、運動、普遍などが存すると考えられる。原子が集まる過程、あるいは属性などが実体に存在する瞬間についての説明はあるが、それは人間の歴史に関する時間についての教説ではない。

そもそも、インドにおいて歴史という概念があるのだろうか。少なくともユダヤ・キリスト教的意味における歴史的時間の概念はないのではないか。明治以降の仏教学では、天台や華厳の教学を一種の「宇宙論」としてとらえる傾向があったことはすでに述べたが、おそらくは「日本思想史における宇宙論や歴史に関する理論の欠如」に気づいていた日本の研究者たちの幾人かが、天台や華厳の教学に世界と時間に関する理論のモデルを求めたのではないかと思う。

では、なぜインドに、ユダヤ・キリスト教的な歴史概念がないのか。おそらくそれは人間の行為が生むもの、あるいは人間の行為の目指すものに、インド精神がそれほどの価値を置いていなかったからであろう。ユダヤ・キリスト教的伝統は、人間の行為を神の望むことを遂行するものにほかならないと考える。つまり、人間の行為は常にそれ自体が積極的な意義を持つものであるが、インドの宗教思想にあっては、一般的に人間の行為は一度は否定されるべき運命にある。

つまり、人間の行為が止滅させられたときに、人間の行為を超えた何ものか——例えば、霊我の光とか悟りの智慧《ちえ》——がその人間に輝くのである。したがって、人間の行為によって達成したものは、副次的なもの「俗なるもの」であって、「聖なるもの」は人間の行為の彼岸にある。このように人間の行為を止滅させようとする考え方にあっては、ユダヤ・キリスト教の伝統によってつちかわれてきたような、行為を中心とした歴史の概念は育たない。

もちろんユダヤ・キリスト教的な歴史概念のみが、われわれの有すべき歴史概念であるというわけではない。アジアには別の歴史概念があってもよいだろう。しかし、そのような「アジア的」歴史概念を持つには、われわれ日本人はすでに西欧文化の影響を多分に受けすぎたように思う。さらに、インドや中国も、この二、三世紀においては、各民族のグローバル化にともない、西欧の歴史とほぼ同質の「歴史」を有している。

天台・華厳から何を学ぶか

われわれが今日、天台や華厳などの教理に接するときには、「歴史的」にそれらの思想がどのようなものであったかを明らかにすべきであることはもちろんではある。が、「歴史的に」という際にすでに、今日のわれわれがどのような歴史観と世界観を有しているのかがおのずと問題になってくる。今日ただ今のわれわれの態度・生活をまったく無視して、あるいはそれを考慮せずに、ある時点における思想とか事件を扱うことは意味がない。

今日、高度産業社会の行きづまりの中で、人々は「新しい」世界観を探している。われわれに必要なのは、ヘーゲル流の絶対精神の自己展開としての世界観でもなければ、弁証法的唯物論の世界観でもない。キリスト教も、近代の状況の中でみずから作りあげてきた世界観を見直そうとする努力を始めている。仏教徒たちも自分たちの伝統の中に、今必要とされている「新しい」世界観のヒントを得ようとしている。その際、最澄が日本に根づかせようとした世界観にわれわれは何を学ぶことができるのだろうか。

今日、われわれが天台や華厳の世界観に「学ぶ」べきことは、いかにしてそれらがいわゆる西欧的意味における時間概念を欠如させたまま、世界の構造について語り得たのかを知ることであり、また、そのような世界観が今日のわれわれに持つ意味を問うことである。

さて、この章のはじめに述べたように、中国の仏教史は四期すなわち（一）伝来の時代（後漢から西晋まで）、（二）定着の時代（五胡十六国から南北朝まで）、（三）成熟の時代（隋唐時代）、および（四）民衆浸透の時代（宋朝以降）に区分することができる。

最澄と空海が唐に渡った九世紀初頭の唐は第三期「成熟の時代」にあり、しかも中国の仏教がその創造性において頂点に登りつめた直後であった。八世紀後半、湛然たちによって中国天台宗は復興しており、最澄は六世紀の智顗の天台思想よりも、よりいっそう整備された天台教学を学ぶことができた。

また、九世紀初頭の唐には最新の密教がインドより導入されており、インド密教僧も都長安《ちょうあん》には滞在していた。空海はそうしたフレッシュな密教を学び、インド僧に就くこともできた。このように最澄と空海が唐に渡った時代は、天台仏教や密教を学ぶにもっとも適した時代であった。

こうした状況の中で、最澄と空海は、中国の仏教徒たちが仏教の中国化の武器とした「体・相・用」あるいは「理・事」の概念を駆使し、仏教の日本化の武器としたのである。

II

最澄

はじまりの人

国宝「聖徳太子及び天台高僧像」(一乗寺蔵)より最澄像

第三章　日本仏教の転換

1　最澄以前の日本仏教

奈良仏教の精緻な理論体系

最澄（七六七―八二二）が生まれたのは、七六七年（神護景雲《じんごけいうん》元）であった。その一四年後、七八一年には桓武《かんむ》天皇が即位し、七九四年には都を平安京に移している。したがって、最澄が生まれたのは奈良末期のことであり、日本の歴史が大きく変わろうとしていた頃であった。その頃、仏教もまた奈良仏教から変質しようとしていた。

桓武天皇の平安遷都《せんと》の理由の一つは、伝統的な奈良仏教の勢力から自由になることであった。桓武天皇をはじめとして当時の権力者たちは、新しい型のイデオロギーを望んでいた。最澄や空海にとって、桓武天皇の存在は決定的であった。この天皇の庇護《ひご》、援助のもとにあったからこそ、最澄は唐に渡ることも天台宗を開くことも可能であったし、空海も朝廷との深い結びつきの中でこそ活躍できたのである。

仏教が日本に公式に導入されたのは五三八年、百済《くだら》の聖王一六年の時といわれる。それ以来、最澄が活躍を始める頃までに、約二世紀半の時があった。この二世紀半に仏教の経典や尊像が導入され、七世紀には国家仏教が成立し、国分寺《こくぶんじ》が各地に造営された。律令国家の統制・保護の下にあって、八世紀中葉には南都六宗（華厳《けごん》、法相《ほっそう》、三論《さんろん》、律《りつ》、倶舎《くしゃ》、成実《じょうじつ》）が整った。

国家の統制のもとで育ってきた奈良仏教は、その末期には政治にも関与する力を得ていた。仏教僧の中にも政治的権力をふるい、栄達を極める者も現われた。最澄が生まれた七六七年は、仏教僧のままで太政大臣禅師・法王となった道鏡《どうきょう》の権勢が絶頂にあった頃であった。やがてみずから天皇の位につこうとした道鏡の計略が明るみに出て、彼は失脚する。七七〇年に道鏡は下野《しもつけ》（栃木県）に流され、その地で七七二年に没している。

道鏡の失脚後間もなく皇位を継いだ光仁《こうにん》天皇（在位七七〇―八一）は、仏教の粛正《しゅくせい》運動をおこなった。戒を守り、所行の清浄な者が出家となることを望んだという。その際注目すべきは、山林修行を公認したことだ。それ以前は、正式の戒を受けた仏教僧（比丘《びく》）は、山林での修行や山林修行者たちと交わることを禁止されていた。

「山林修行」とは、古代から伝えられていた山岳宗教の技法習得を意味していると思われるが、南都六宗を中心とする奈良仏教は、インド・中国より導入した精緻《せいち》な教理体系・実践形態を重視した仏教であった。そこでは日本が古代から持ち続けてきた——そのある部分は中国・韓国から伝えられたものであろうが——アニミズム（精霊崇拝、タマ崇拝）やシャーマニズムは拒否されていた。南都六宗の学僧たちは、自分たちの信奉する仏教教義と実践形態が、当時すでに一つの勢力となっていた山岳宗教や古来のアニミズムとは異なるものであることを意識していた。

しかし、光仁朝の仏教粛正では、一〇年以上の山林修行をした者の得度《とくど》（公的な出家）を認めたのである。それは当時の山林修行者たちの中に、所行の清浄な「僧にふさわしい」者たちがいたことを意味する。そして、山林修行者が僧になることができると定めたことは、日本の仏教を根本的に変質させることとなった。それは、日本仏教がインド的仏教を離れて、「日本型仏教」あるいは日本型宗教へと変質する一つの要因となったのである。最澄も空海も山林修行者であった。

神祇信仰と山岳信仰

六世紀前半に日本に導入されて以来仏教は、その導入以前から存在していた崇拝形態と二律背反的な関係にあった。双方は、一方では反発し、一方では引き合った。「仏教導入以前からの崇拝形態」とは、少なくとも二つのグループに分けることができよう。一つは、後世に神道として整備される神祇《じんぎ》信仰であり、他は神祇信仰とは関係を持ちながらも、それとは一応区別されるべき民間の山岳信仰である。後者の伝統のある部分は、のちに修験《しゅげん》道《どう》の中に組み入れられた。

『古事記』は七一二年、そして『日本書紀』は七二〇年に完成している。これらの「公的」記録は、それまで各氏族が保ってきた伝承を、天皇家の伝承を中心にしてまとめ直したものであった。大和《やまと》時代あるいはそれ以前から、各氏族はそれぞれの氏神《うじがみ》を有していた。例えば、中臣《なかとみ》・藤原氏はアメノコヤネ命を、大伴《おおとも》氏は天忍日命《あまのおしひのみこと》を、出雲国造《いずものくにのみやつこ》は天穂日命《あまのほひのみこと》を氏神として祭った。天皇家の氏神はアマテラス大神であるとされた。各氏族は天皇家の神を尊崇する一方で、自分たちが古くから持ち続けてきた神々をも祭ることを忘れなかった。

中臣家は元来、朝廷の神祇を司《つかさど》る家系であったが、藤原姓を名乗るようになっても、自分たちと関係のある神々を祭った。春日《かすが》神社は藤原氏の神社であった。このように日本古代の神祇信仰は、おのおの氏神を祭りながら、当時の政治的経済的状況にしたがって神話体系を変化させ、日本としてのある程度のまとまりを持たせたものであった。

重要なことは、これらの氏神を中心とした神祇が、アニミスティックな自然崇拝の傾向を強く持っていたことだ。冬の間蓄積された生命エネルギーが春になるとふき出し、山や野を緑にする。そして、秋には収穫がおこなわれて神々に穀物が捧《ささ》げられる。その後、野や山や神々は、エネルギーを蓄えるために鎮まる。日本の神祇信仰には、日本の温和な四季の移り変わりを映した自然観が根底にある。日本でも北国の冬は厳しいが、西チベットのラダックなどと比較するならば、日本が温和な自然に恵まれていることは否定できない。

古代の日本人にとって、カミ（神）とは自然を超越した絶対神ではなく、山や川、樹や動物、時には人間だった。彼らは、山や樹そのものをカミだと感じた。山はカミのシンボルではない。あえていえば、シンボルによって意味されるものだ。というよりも、シンボルとその意味するもの、という区別がある世界ではないのである。古代の日本人は、カミたちのすがた・かたち（イメージ）に関しては、ほとんど関心を払わなかった。

古代エジプトの宗教、ヒンドゥー教、仏教タントリズムなどにおけるように、「神々」のイメージに関して図像学的規則の体系が作られる型の宗教と、イスラム教、ヴェーダの宗教のように「聖なるもの」の図像化が拒否される型の宗教とがあるが、古代日本の神祇信仰は、どちらかといえば後者の型の宗教である。もっとも後世は、仏教の影響もあって神々のすがたを図像に表現するようにもなった。しかし、基本的には日本の古代の神祇信仰、さらにはそれが後世整備されたかたちの神道では、カミは山や樹や動物そのものなのであった。

山や樹が生命をもつ

古代日本人はタマの存在を認め、それが山や樹に降り立つと考え、山や樹などの自然物――人間も含めて――はタマが降り立つ「依代《よりしろ》」とみなした。しかしここで、「では、山や樹がカミであり、山や樹がタマの依代であるから、カミはタマを有する存在である」と考えてはならない。古代日本人の神観は、インド型実在論の議論のようにはいかないのである。

というのは、タマそれ自体がカミでもあるからだ。古代日本の神祇信仰にとって重要なことは、山や樹とカミとタマとの哲学的区別ではなくて、山や樹などすべてのものに生命があることだった。ここにいう生命とは、生体反応があるとか光合成がおこなわれていることではない。畏敬《いけい》すべき「聖なる」価値・意味が与えられているということである。

このような世界観が、「諸法実相」の思想と相通じていることは明白だ。最澄はこのような日本的自然観の基礎の上に立って、中国化された仏教である天台教学を、さらに日本化したのである。

最澄や空海が活躍した九世紀の前半は、仏教と古代的神道とが折衷《せっちゅう》・融和をはかりはじめた頃であった。最澄や空海自身、その折衷・融和の歴史のパイオニアであった、といえよう。空海と神祇信仰との関係についての考察は別の機会に俟《ま》ちたいが、ここでは山林修行と神祇信仰との関係について触れておきたい。

当時の神祇信仰が、どのような儀礼形態や身体技法を有していたかは明らかではないが、山や森においてタマの活性化（タマフリ）や鎮静化をおこなっていたことには疑いがない。しかし、だからといって、光仁天皇の「山林修行者たちを得度させてもよい」という勅命《ちょくめい》は、山林において神祇信仰にたずさわっている者たちが得度して僧になることを想定したのではもちろんない。この勅命において考えられていたのは、各氏族の氏神信仰とは一応別の山岳信仰のグループである。しかしまた、古代の神祇信仰と山岳信仰とがまったく無関係というわけではない。後世、山岳信仰を母胎として修験道が成立するが、修験道は神道より多くの要素を受け継いでいる。これは、古代の神祇思想と山岳信仰とがどこかで深く結びついていた証左である。

各氏族の氏神崇拝を中心とする神祇崇拝と、とりあえず切り離して考えられるべき山岳信仰（山林修行）を持っていた者の例としては、七世紀後半に「活躍した」役小角《えんのおづぬ》（役君《えのきみ》小角《おづぬ》）があげられるであろう。一般には「役行者《えんのぎょうじゃ》」という名称で呼ばれているが、この名称は後世（一〇世紀）になって現われたものだ。彼に関する伝説はすこぶる多いが、信頼するに足ると思われる資料は『続日本紀《しょくにほんぎ》』文武《もんむ》天皇三年（六九九）の記述であり、「役君小角は初め葛木山《かつらぎさん》（葛城山）に住み、呪術《じゆじゆつ》をもってたたえられたが、弟子の韓国連広足《からくにのむらじひろたり》に『師は妖惑の術をもちいている』と讒訴《ざんそ》され、伊豆《いず》島に流された」と書かれている。

われわれはこの資料から、七世紀後半の日本において、朝廷が伊豆大島に流さねばならぬほど影響力のあった呪術者あるいはシャーマンが活躍していた、ということを知ることができる。彼は弟子の讒訴にあったというが、朝廷を亡《ほろ》ぼす軍事クーデターを考えていたわけではなかろう。当時、いわゆる超能力を有していたり、神がかりとなる神主が神祇信仰の側にもいたことはいうまでもない。朝廷も氏族もそのような力を持つ者を必要としたのである。だからこそ一方では朝廷や有力な氏族は、自分たちの領域以外での「超能力者」、呪術者あるいはシャーマンの存在を快く思わなかったであろう。役小角の弟子の訴えは、朝廷にとっては「好都合であった」と思われる。

流刑《るけい》を解かれて本州にもどった役小角は、その後間もなくして、現在の大阪府箕面《みのお》の山中で没したと伝えられる。彼自身がどのような思想や技法を持っていたのかを知るのはまことに難しい。後世、彼は修験道の祖と考えられ、時代とともに修験道の開祖としての伝説が彼に収斂《しゆうれん》されたからである。ただ彼が葛木（葛城）、吉野《よしの》、箕面のあたりの山中を駆けめぐる、いわゆる山林修行者の一人であったことは推測できよう。役小角の死後七〇～八〇年経た頃には、仏教徒の山林修行者もいたことが幾多の資料から推測できる。

山林修行者たち

七世紀中葉頃から、宮中の内道場《ないどうじょう》で供奉《ぐぶ》する十禅師《じゅうぜんじ》の制度があったが、光仁天皇の例の勅命の後には、金峯山《きんぷせん》の修行者一人と熊野《くまの》の修行者一人とが、十禅師のうちの二人として選ばれている。このことから、金峯山や熊野には当時すでにかなりの山林修行者がいたことがわかる。空海が若い頃、吉野から高野にかけて修行したことは彼自身が述べている。また、本書の第八章で述べるように、空海が若い頃ある沙門《しゃもん》（公的に許可されたのではない私的な僧侶《そうりょ》）から、密教の一行法である虚空蔵菩薩求聞持法《こくうぞうぼさつぐもんじほう》を伝授されるのであるが、その沙門は山林修行者の一人であったと考えられる。空海自身、学問寺において求聞持法を実践したのではなく、山林や難所で実践したと記《しる》している。

このように八世紀は、中国や韓国から伝えられた仏教密教の行法、神仙道、道教系の呪術などと結びつきながら、日本古来の山岳信仰が発展した時代であった。九世紀に、神祇信仰、山岳信仰のそれぞれが体系をとりはじめるとともに、仏教は神祇信仰と結びつきを深めて本地垂迹《ほんじすいじゃく》思想（本地の釈迦《しゃか》が日本の地に垂迹してアマテラスとなった等と主張する）を形成した。これは神道の体系化の時代であり、修験道の確立の時代であり、仏教が日本化する時であった。

山林修行は、いわば「日本宗教」の実践エネルギーの源泉であった。八世紀頃における山林修行者のある者たちは、国家によって公認された僧ではない私度僧《しどそう》であった。この私度僧が体得した技法や直証が、新しい日本仏教の歴史の原エネルギーとなったのである。インドの行者たちの技法や直証そのものが、七〜八世紀に伝えられていたとは考えられない。空海はインド人の師についている。しかし、空海はインドのヨーガ行者ではない。少なくとも、彼の身体技法や直証が、八世紀のインドの仏教タントリスト（密教行者）のそれと同じであったという保証はない。最澄の会得《えとく》した止観《しかん》の行法が、天台智顗のそれと同じものであったか否かはわからない。

では、空海や最澄の体験とはいったいどのようなものであったのか。われわれが真に知りたいのはこのことだが、その問いに答えることは難しい。確かなのは、道鏡の失脚によってよりいっそう明らかとなった「仏教の堕落」を粛正するために出された勅令が、結果としては仏教を日本化する要因として働きはじめた頃に、最澄や空海が生き、また活躍したという事実である。

2　修行僧、最澄

中国系帰化人としての最澄

この章のはじめに述べたように、最澄は、七六七年（神護景雲《じんごけいうん》元）、近江《おうみ》国（現在の滋賀県大津市）に生まれた。彼の戸籍、得度や受戒の証明書などの公文書では天平神護《てんぴょうじんご》二年（七六六）となっているので、従来、最澄の誕生年をめぐって論議が続けられてきたが、近年では七六七年を誕生の年とする説が定着したようである（田村晃祐『最澄』吉川弘文館、一九八八年、一―四頁）。

最澄の父の名は三津首百枝《みつのおびとももえ》と伝えられる。三津首浄足《きよたり》という名称が最澄の戸主として記録されているけれども、戸主が必ずしも父であったとはかぎらない。現在の資料ではこれ以上のことはわからないが、三津首家は後漢《ごかん》の孝献《こうけん》帝の子孫である登萬貴王《とまきおう》を祖先とする家柄であり、応神《おうじん》天皇の時代に来日し、近江国滋賀郡に定着した人々の子孫であろうと推測されている。

最澄が生まれ育った頃には、三津首家では生活に中国語がもちいられてはいなかったであろう。事実、最澄は中国語の発音は理解することができなかったので、唐に渡った時には弟子の義真を通訳として伴った。しかし、彼の家には中国系の帰化人としての自意識もあったであろうし、地域社会は彼の家を帰化人として意識していたにちがいない。滋賀郡の中国系帰化人には文筆活動に携わった者が多い、といわれている（安藤俊雄・薗田香融

『日本思想大系・最澄』岩波書店、一九七四年、四五七頁）。最澄が五六歳という決して長命でない生涯の中で、当時ほとんど日本では理解されていなかった天台の教学に関して、あれほどの著作を残した背景には、彼の家の伝統があったと思われる。

最澄は、一二歳あるいは一三歳で近江の大国師《だいこくし》国分寺の行表《ぎょうひょう》の弟子となり、一四歳あるいは一五歳で国分寺の僧の欠員を補うかたちで得度し、一九歳あるいは二〇歳で受戒した。師の行表（七二二―七九七）は、中国（唐）からの帰化僧道璿《どうせん》（七〇二―七六〇）の弟子であった。道璿は七三六年、戒を伝えるために来日し、『梵網経《ぼんもうきょう》』や『四分律《しぶんりつ》』などを講じた。彼は戒を保ちながら、禅の修行をし、また華厳や天台の教学にも通じていたという。最澄は後に、国分寺での師行表からは天台の修行論を背景に持つ禅の相承を受けた、と記している（田村晃祐編『最澄辞典』東京堂出版、一九七九年、八頁）。最澄は天台宗の祖ではあるが、彼の天台宗は「四宗合一」といわれるように、天台、律、禅（北宗禅《ほくしゅう》）および密教の四宗を統一したものでもある。最澄における天台、律、禅の三宗は、行表およびその師道璿の伝統を受け継いだものといえよう。

最澄は得度するにあたって、『法華経』『薬師経』『最勝王経《さいしょうおうきょう》』『金剛般若経《こんごうはんにゃきょう》』などを読んだ、といわれる。この時にすでに『法華経』が、彼の視野あるいは「世界」にあったのである。『薬師経』を読んだことは、後世、延暦寺の本尊が薬師如来であることと考え合わせるべきことであろう。『最勝王経』は初期の密教経典に属すものであり、『金剛般若経』は禅宗の好む経典の一つであった。一四歳あるいは一五歳の得度の儀式の際にすでに、三〇〜四〇年後の未来のきざしが現われていたといえよう。

比叡山での山林修行

最澄は一九歳（あるいは二〇歳）の時、七八五年（延暦四）四月六日直前に、東大寺で具足戒《ぐそくかい》を受けて正式の僧（比丘《びく》）となった。しかしその年の七月中旬には、故郷の近くの比叡山に入ってしまう。比叡山は、奈良時代から山林修行の場として知られていた。

当時の東大寺といえば、今日のもっとも有力な総合大学に相当する。伝統、学僧、蔵書などすべての点で勉学、修行にとって有利な場であったはずだ。最澄はなぜ東大寺に一、二年でもいなかったのだろうか。「当時の堕落した奈良仏教に失望したからだ」というような推測もなされてきた。しかし、実際のところはよくわからない。

はっきりしていることは、当時の比叡山の修行の条件は極めて劣悪であったことだ。生活のための物資も充分でなく、蔵書もほとんどなく、住居も粗末な庵《いおり》にすぎなかった。それを承知で最澄は山に入ったに違いない。天台山にひきこもった智顗を頭に描いていたのだろうか。ともかくこの頃の最澄にとっては、厳しい条件のもとで修行するということが最優先されるべきことであった。

最澄は、その後の生涯でもわかるように、反体制的な野人ではない。伝統の重み、国家権力の強さなどに反発し続けたわけではない。だからこそ、東大寺で具足戒を受けて正式の僧にもなったのである。正式の僧という身分を得て、彼はそれを後悔するのではなくて、それを一つの踏み台として次の段階に進んだと思われる。

一方、僧一〇名以上が出席しなければならないという、大がかりな授戒式を東大寺でおこなった正式の僧侶の進退であるから、最澄が比叡山に入ることに関する正規の手続きも、簡単なものではなかったであろう。最澄は、ドロップ・アウトとして仏教界から消え去るようにして比叡山に入ったのではない。入山した最澄は『願文《がんもん》』を作って、比叡山での修行の決意を示し、それを残している。この『願文』の内容は、ようするに煩悩《ぼんのう》の働きをおさえて悟りの状態に近くなりたいということであるが、重要なことは、最澄がそのような境地の体得を、東大寺などの僧院ではなく山の中でおこなおうとしたことだ。

知識のみではなく、みずからの身体で仏教の修行の証《あかし》をたてることを最澄はくわだてた。おそらく彼には、天台などの教学を文献から学ぶことは、学問寺や僧院に居なくとも自分でできる、という自信があったのだろう。また、山の中の方が、仏教の修行の証をたてることができるのではないか、と考えたと思われる。空海も「大学」に入ってすぐに退学して山林修行に入っている。この二人の巨人の同じような行動は、ただ偶然のことであったとは思えない。

『願文』に記された修行方法から推測して、最澄は比叡山に入る前に天台の思想に触れていた、といわれている。彼は、鑑真《がんじん》が将来した天台三大部などを写している。おそらくその書写は、比叡山に入ってからのことであったろう。

入山後六年を経た七九一年、最澄は修行入位《しゅぎょうにゅうい》という僧位をさずけられている。その際、「私は家も世も捨てた修行者であるので、位は不要だ」とは彼はいわなかった。しかし、山を降りることはなく山での研究・修行は続けられた。

三一歳になると、宮中の内道場の儀礼に参加する内供奉《ないぐぶ》の一人に任ぜられた。この任務には任期がなく、一度任命されると、終身内供奉として務めなくてはならなかった。最澄は三一歳で、当時としての最高の終身栄誉職についたのである。奈良仏教が国家仏教であったことはすでに述べたが、奈良仏教に対する批判勢力として台頭する天台仏教もまた、国家の庇護《ひご》のもとに生まれたのであった。このことは空海の真言宗にもあてはまる。

独学の人

さて、具足戒を受けた弱冠一九歳の青年僧が、ほとんど開かれていない山に入ってしまった。その青年僧に国は六年後に正式文書を送って僧位を与え、またその数年後には宮中に出入りする権威ある内供奉十禅師《ないぐぶじゅうぜんじ》の一人とした。しかし、その僧は依然として山に住み続け、蔵書の数を増やしている。

これが一九歳から三一歳ごろまでの最澄をとりまく状況だ。最澄は、おびただしい量の文献を積極的に書写したり、させたりしていたようであるが、その資金をどこからか得ていたことは確かであろう。だが、学問寺もなくほとんど無人であった比叡山で、彼はどのようにして勉学したのであろうか。どのような独学方法を実践していたのか。この「独学的」姿勢は唐に渡るまで続いた。

帰化人の家系に生まれて、漢文あるいは中国語を読むことは幼い時から訓練を受けていたであろう。また、早熟な青年最澄が二〇歳までに師について学ぶことのできた量は、われわれの計り得るところではない。しかし、いかに最澄が天才であったにせよ、天台の教学を独学することは本当に可能だったのか、と思わざるを得ない。つまり、最澄の思想が天台にもとづいたものであれ、四宗合一であれ、いずれにせよ最澄の思想体系は、天台智顗や湛然のそれに匹敵するほど堅固で精緻なものとなっていただろうか。そうとは思えない。それは最澄が五〇代半ばで没したからではないであろう。智顗もまた六〇代はじめで没している。

インド大乗仏教が、僧院を中心に発展したことはすでに述べた。玄奘がインドを訪れたときも、彼は僧院において何百人もの僧が生活する中に身を置いて仏教を学んだのである。チベットに仏教を伝えたシャーンティラクシタは、大僧院ヴィクラマシーラの僧院長であった。

この僧院中心主義は、チベット仏教にも受け継がれた。後にダライ・ラマ政権の宗派となったゲルク派の開祖、ツォンカバ（一三五七―一四一九）の勉学態度と、最澄のそれとの比較は、興味深い。ツォンカバは若くして出家して以来、幾十人、幾百人の師についている。彼は三六～三七歳でゲルク派を開くのであるが、それまであるいはそれ以後も、常にさまざまな師について学習している。ツォンカバの「師の系譜」（ラギュ）のみで、大部の本が残されているほどだ。

それまでのインド、チベットの仏教の伝統が、ツォンカバという超高性能で容量の多い「記録ディスク」に収斂《しゅうれん》され、しかも新しい形で残っている。彼は、一五世紀以降のチベット仏教の規範を定めたといっても過言ではない。その影響力の大きさは、日本平安仏教以降の最澄のそれにたとえられるであろう。ツォンカバという巨人が出世し得たのは、もちろん彼の天分と資質によるのではあるが、彼という「場」に伝統を収斂させる装置として、僧院制度が作用したからだと考えられる。

もっともヒンドゥー教の伝統に見られるように、僧院がなくとも、伝統が精緻な知の体系とともに伝えられることは可能だ。しかし、仏教の伝統にかぎっていえば、僧院を中心とした体系的教義を有する性格の仏教と、体系的教義に反発するかそれを重視しない性格の仏教に、一応分けることができよう。歴史的には、この二つの性格をあわせもった仏教集団が生まれることもある。例えば、チベット仏教のカギュ派は、後世は僧院制度を中心とするのではあるが、マルパやミラレーパといった在野の修行者の伝統を持ち続けている。

比叡山アカデミズム

最澄にもどろう。彼は、東大寺などで勉学を続けようとすればできる立場にあったはずだ。仏教の教学を学ぶには、僧院に身を置いた方が「有利」であることは、彼自身知っていたに違いない。しかし、彼は山での「独学」を選んだ。その結果かどうかは判断できないけれども、彼には彼独自の教学の壮大な体系は見られない。だが、彼は教学の体系よりも重要なものを、比叡の山に据えた。

日本仏教において、比叡山延暦寺という学問寺が果たした役割は決定的である。円仁、円珍、良源《りょうげん》、道元、法然、親鸞、日蓮《にちれん》など、日本仏教のリーダーたちのほとんどが、最澄が築いた学問寺で学んでいる。そして、鎌倉期以後のリーダーたちは、申し合わせたように延暦寺から出てしまっているが、それでも比叡山の学問寺がなければ、新しい鎌倉仏教もなかったのである。

ともあれ最澄自身は、仏教の教学よりも、修行によって悟りの智慧《ちえ》を直証する方を重視した。その態度を朝廷も認めて、応援した。伝統的学問寺を出た最澄は、山で修行しながらそこに学問寺を建設し、その学問寺から日本の仏教のリーダーが輩出したのである。

七九八年（延暦一七）、最澄は法華三部経（『法華経』、『無量義経《むりょうぎきょう》』、『仏説観普賢菩薩行法経《かんふげんぼさつぎょうぼうきょう》』）の講義を始め、八〇一年には南都六宗の僧たちを招いて彼らの『法華経』観を聞き、さらに彼らと『法華経』について討議をしている。これらの講義や討議を通して、最澄は急速に世に知られるようになったが、彼にとってもっとも決定的なチャンスは、八〇二年（延暦二一）四月に訪れている。彼は、高雄山寺《たかおさんじ》において数ヵ月にわたり、天台の主要著作（『法華玄義』や『法華文句』）について講義をする機会を与えられたのである。

高雄山寺は和気《わけ》氏が建立した寺であるが、和気弘世《ひろよ》は最澄に対して弟子の礼をとって、彼を講師として招いた。道鏡の計略を無にしたのは和気弘世の父清麻呂《きよまろ》であり、もともと和気氏は南都仏教の勢力を快く思ってはいなかった。南都六宗とは異なる新しい仏教の修行者、しかも三六歳の気鋭の学僧である。和気氏は、最澄を支援しようと決めた。

この高雄山寺における講義は、桓武天皇の知るところとなった。天皇からの働きかけもあり、また和気弘世からの推挙もあって、八〇二年九月には最澄の入唐の許可がおりたのである。最澄をとりまく状況が、まるで何ものかが操作したかのようにすばやく変化した。

3 留学、そして立宗

ウィーク・ポイントとしての密教

桓武天皇は七八一年に即位するが、仏教に対しては光仁天皇と同様の政策、つまり仏教粛正政策をとり、奈良仏教には批判的であった。そして天台という新しい仏教に天皇は関心をいだく。和気弘世の進言もあり、最澄の唐留学が決定されるのである。八〇二年秋のことであった。最澄は、自分の祖先の国に行ってみたいと思ったであろうし、書籍を入手し、さらに独学に近かった天台仏教の理解を確かめたいと思ったであろう。

八〇三年（延暦二二）春、遣唐使船は難波《なにわ》を出発したが暴風雨にあい、唐に渡ることはできなかった。大使藤原葛野麻呂《ふじわらのかどのまろ》は帰京してしまい、結局、最澄は翌年の出発を九州で待つことになった。明くる八〇四年、四隻の遣唐使船が肥前国松浦《まつら》郡田浦《たのうら》を出発した。本書の初めに書いたように、空海もこの船団に乗りこんでいた。

最澄一行は九月下旬、台州（臨海）に到着し、台州の刺史《しし》陸淳《りくじゅん》に会う。陸淳の紹介で最澄は折よく台州にいた道邃《どうずい》の弟子となった。師道邃のはからいで最澄は多くの典籍の写しを手に入れることができた。天台宗第七祖道邃は、天台宗中興の祖ともいわれる第六祖湛《たん》然《ねん》（七一一―七八二）の弟子であった。最澄は、天台智顗《ちぎ》の教学が湛然によって整備されたところで中国に行ったことになる。

その後、最澄は天台山に行くが、そこで修禅寺《しゅぜんじ》行満《ぎょうまん》からも天台の教学を学んだ。行満も湛然の弟子であった。台州にもどった最澄は、道邃より天台教学のほかに菩薩戒《ぼさつかい》を受けている。また天台山禅林寺の僧翛然《しゅくねん》からは達磨禅《だるまぜん》（牛頭《ごず》禅）を、天台山国清寺惟象からは大《だい》仏頂《ぶっちょう》大契曼荼羅《まんだら》の行事を伝授された（田村晃祐『最澄』、七七頁）。最澄には、天台、律、禅および密教の四者を総合しようという考えが終生あったが、短い留学期間――その期間中、最澄は都長安には行かなかった――の中でも、彼はその四つの伝統の師資相承《ししそうじょう》を受けようと努めていたことがわかる。

密教の学習が自分のウィーク・ポイントであることを最澄は意識していたと思われる。翌年（八〇五）四月、帰国船の出発まで時間のあることを知った最澄一行は天台山の北方の越州に行き、霊厳寺順暁《じゅんぎょう》から密教を学んだ。最澄は、毗盧遮那《びるしゃな》如来《にょらい》三十七尊曼荼羅（日本の金剛界九会《くえ》曼荼羅の中央の成身会《じょうしんね》にあたる）を掲げた灌頂道場において灌頂を受け、真言をさずけられ、印相の結び方を伝授された。この灌頂は四月一八日におこなわれ、四月一九日付けの印信《いんじん》が最澄に渡された。この印信の実物と思われるものが、一九六五年に大阪四《し》天王寺《てんのうじ》で発見されている（木内堯央『天台密教の形成』渓水社、一九八四年、四三頁）。

　これによって、最澄も中国で三七尊の並ぶ金剛界曼荼羅に接していることがわかる。ただ、いかに順暁から集中的に教えを受けようとも、一ヵ月あまりしか時間がなかった。密教の修行は師から「口うつし」ならぬ「身うつし」で学ばねばならない。はたして最澄が一ヵ月の間にどれほどの行法を体得できたかは明白でない。

密教行者として迎えられる

八〇五年五月一九日に出航した船は六月五日に対馬《つしま》に着き、七〜九月には最澄は朝廷へ復命している。帰国した最澄の行動はすばやく、また華々しかった。帰国後直ちに彼は将来目録を朝廷にさし出し、九月には高雄山寺と都の西郊で灌頂をおこなっている。

　八月の第一回目には、画工二十余人が召され、盧遮那の像一幅、大曼荼羅一幅等々を縫い造ったとある（木内堯央『天台密教の形成』、六八頁）。九月の第二回目の灌頂は桓武天皇がみずからのために望んだものであり、再び大曼荼羅を描かせたという。この「大曼荼羅」とは、最澄が越州において順暁に会った時に接した、金剛界三十七尊曼荼羅であったろう。このように、帰国した最澄は密教の行者として迎えられ、みずからそのようにふるまったのである。帰国直後に密教の灌頂をさずけることが最澄の本意であったか否かは別にして、最澄自身そのようにふるまわざるを得ない状況があったと思われる。帰国後の最澄にとって、密教は無視することも、抑えこんでしまうこともできない存在であった。最後に考察するように、最澄の晩年のエネルギーは、法相宗の学僧徳一との論争に費やされたような観がある。しかし、徳一との論争において最澄は常に余裕を持って接することができた。それは、法相つまり唯識の伝統的な学説に対して、天台教学はまったく異なる次元に立っており、墨絵と色粉をもちいた絵の間で色彩を論ずるようなところがあったからだ。

最澄のライバルは、空海および空海が将来した密教であった。それは、最澄が密教に反発したからではなく、最澄自身の思想が密教的でもあったからだ。山林修行者でもあった最澄は、みずから密教的要素を有していた。帰国直前に唐の密教を熱心に学んだのは、学僧としての関心からというより、やはり修行者としての関心の方が大きかったと思われる。当時の日本の仏教が、山林修行の経験者を「宮廷僧」とも呼ぶべき内供《ないぐ》奉《ぶ》の一部とするなど、「新しい」方向へ変わりはじめていたことを最澄は鋭く認識していたに違いない。それにしても、帰国した彼を迎えた桓武天皇その他の人々の期待が、「密教的」方向に集まるのを充分受けとめるほど濃くは「密教的」でなかったし、もっぱら密教を習得してすぐ後に帰国した空海に対しては、たじろがざるを得なかった。

なぜ台密は成立したか

天台智顗および湛然の築いた天台の教学それ自体は密教ではない。唐の時代において、中国天台と中国の密教との間では、日本の天台宗におけるような統一、融和は見られなかった。日本の天台宗は、最澄の死後半世紀を経ずして真言宗と同じような密教の思想、実践形態を内に含んでしまった。空海が確立し、東寺や高野山に伝えられる密教を「東密《とうみつ》」、最澄が築いて延暦寺を中心とする密教を「台密《たいみつ》」と呼ぶことがならわしであることに、日本人は格別疑問を感じない。しかし、天台と密教とは元来は別種の思想である。インド、チベット、ネパールにおいて、『法華経』信仰と密教とが結びついたというようなことはない。

なぜ日本において「台密」と呼ばれるものが成立したのか。この問いへの答えは、最澄自身の思想と実践方法にあると思う。すでに述べたように、最澄の思想そのものが密教的であった。その傾向を、後継者の円仁、円珍、良源たちが増幅したのである。密教の特質については、第七章第一節および第一〇章においてやや詳しく考察したい。ここでは最澄が密教に強くひかれていたこと、そして、日本的コンテキストにおける最澄の天台教学の理解は、密教の世界観に近いものであった、ということを指摘するにとどめたい。

もしも最澄がもっぱら天台仏教のみの信奉者であったならば、彼は空海を単に二人目の徳一とすることができたであろう。しかし、空海には弟子の礼をとるほどに、彼は密教の思想・実践形態をより深く理解したいと願ったのだ。最澄にとって空海や真言宗勢力は、自分の欲しいものを持つ強力なライバルであった。

留学以前の最澄は、天台の教学をほとんど師を持たないまま理解しようとした。そうせざるを得なかった。日本におけるパイオニアの苦しみである。一方、密教に関心を持ちながらも、それに充分接する機会のないまま、日本において密教行者として行動した。留学も短期間で、唐の中央から離れた地で、天台教学も密教も禅もと、あわただしく学びえたにすぎなかった。彼の心には、常にあせりに似た不満があったはずだ。これもまたパイオニアの運命であろう。

最澄が唐に渡った半年後、桓武天皇は病いにおかされ、天皇の病いの平癒《へいゆ》のためにさまざまな修法《しゅほう》が行ぜられた。帰国直後の最澄が八〇五年（延暦二四）九月におこなった毗盧遮那法は、そうした修法の一つであったと思われる。当時の天皇や貴族たちは、僧侶や神官に病気治癒力を望んだ。インドや西域から来た僧たちに、中国人たちが超能力を求めたのと同じだ。山林修行者であり、唐より帰った高僧最澄に病気の天皇が期待したのは病いをいやす力であった、と考えるのは間違っていないだろう。もっとも、天皇からそのように期待された最澄が内心どう思ったかはわからない。

天台宗、公認される

最澄は翌八〇六年(延暦二五)正月三日、表現は悪いが「勝負に出た」。つまり、年分《ねんぶん》度者《どしゃ》(毎年得度を許される一定の数の者)の新しい割当を申請し、その中に天台法華宗の者を加えることを願い出たのである。律、華厳、三論、法相などの従来の年分度者一〇名および天台法華宗二名、計一二名を毎年得度させてほしいと最澄は上表した。申請から一ヵ月も経たない正月二六日、この新しい年分度者制度は許可された。ここに、天台法華宗つまり最澄の天台宗は公認されたのである。

一方、天皇の病いは進行していた。桓武天皇の死の前に最澄が立宗を願った、といえばいいすぎであろうか。この年の一〇月には空海が帰国する。最澄の最大の庇護者《ひごしゃ》桓武天皇が亡くなった後、帰国した空海が活躍していた頃であれば、かの新しい年分度者制度はこれほどすんなりとは成立していなかったであろう。

当時、勢力の弱くなっていた南都六宗は、最澄の申請に表だった反対を唱えなかった。自分たちの宗派にも大きな利益だったからだ。ともあれ、最澄は桓武天皇の死の直前に立宗することができた。天皇は三月に亡くなった。年分度者の割当があるということは、その宗派では正式（国家公認）の僧を養成することができることを意味したのである。

天台法華宗に割当てられた二名の僧のうち、一人は智顗の主著『摩訶止観《まかしかん》』を専門に読む止観業《しかんごう》とされ、他の一人は『大日経』を専門に読む遮那業《しゃなごう》とされた。最澄や空海が入唐する以前に、『大日経』が日本に将来されていたことは知られている。しかし、最澄が『大日経』に長年とりくんでいたという記録はない。二名のうちの一名を密教、しかも『大日経』の専門家とした決定に、最澄の密教への強い関心、思いの深さがうかがわれる。

4　晩年の活動

空海との本の貸し借り

空海は八〇六年（大同元《だいどう》）に帰国したが、京に入ったのは八〇九年（大同四）七月であった。最澄はその翌月の八月、空海に申し出て、『大日経』に付随する儀軌三部、『梵字悉曇章《ぼんじしったんしょう》』（悉曇とはサンスクリットの一書体で、後世は塔婆《とうば》の上に書かれた）、『華厳経』など一二部を借りている。次いで八一〇年の正月には、『十一面儀軌《じゅういちめんぎき》』と『千手菩薩儀軌《せんじゅぼさつぎき》』を借りた。「十一面」も「千手」も観自在《かんじざい》（観音）の一種である。その後『天台文句《てんだいもんぐ》』、湛然の『文句記《もんぐき》』も借りており、密教の根本経典『金剛頂経《こんごうちょうきょう》』を借りたいと手紙で申し入れている。最澄は、空海やその弟子に対して絹や紙などを贈った。空海が最澄から『摩訶止観』を借りたこともあった。

八一二年（弘仁《こうにん》三）一一月、高雄山寺で最澄たち四人は空海から金剛界灌頂を受けた。最澄以外の三人は俗人であった。一二月、同じく高雄山寺で胎蔵界《たいぞうかい》灌頂を百数十人の者たちとともに受けている。この灌頂は入門儀礼であり、密教の修行の完成した者に授けられるものではなかった。空海は最澄に対し、三年間密教修行に専念すべきだと進言したという。その時、最澄はすでに四六～四七歳に達しており、一宗の責任者という立場もあり、それはできなかった。最澄は自分がもう一〇歳若かったらと思ったことだろう。

最澄が空海から借りようとした本のタイトルから、最澄の密教に対する関心のあり方をうかがい知ることができる。最澄自身は、密教に関する大部の著作を残してはいない。しかし、最澄の密教への関心には激しいものがある。彼の中では、天台の教学と密教とは接点のないかけ離れたものではなかった。『法華経』の説く仏は久遠《くおん》であり、諸法は実相であり、すべてのものは成仏する。このような最澄の考え方は、空海の考え方と近い。そして、円仁、円珍、良源たちは、最澄が敷いた路線の上を走った。

八一三年、最澄は『依憑天台集《えひょうてんだいしゅう》』をあらわし、翌年、宮中で諸宗の僧たちと討論をしている。この年には円珍が誕生し、円仁が得度した。八一五年、最澄は和気真綱《わけのまつな》に請われて、大安寺《だいあん》で天台を講じている。このように、最澄は密教を学習する一方で、天台法華宗の指導者として活躍していた。八一六年、最澄五〇歳の頃、空海との友好は絶たれた。この年、空海は高野山を開き、金剛峯寺を建てた。法相宗の僧徳一は、この頃に最澄批判の書をあらわしている。この後、死までの数年を、最澄は徳一との論争と比叡山戒壇院設立のために費やすのである。

会津の徳一との論争の中で、最澄は幾多の著作を残している。それは、最澄が五〇歳を過ぎ、彼の思想の円熟期にあたっていた。八一七年（弘仁八）、徳一著『仏性抄《ぶっしょうしょう》』（現存せず）への反論として『照権実鏡《しょうごんじつきょう》』をあらわし、翌八一八年には大著『守護国界章《しゅごこっかいしょう》』を徳一の『中辺義鏡《ちゅうへんぎきょう》』批判として書いた。『守護国界章』中巻一九～二三章は、『法華経』二章方便品に対する解釈である。ここでは最澄は、天台大師が有名な三転読《さんてんどく》（本書一五〇頁参照）をおこなった例の箇所に関しては、とくに彼の解釈を加えていない。しかし、巻中之上（第一章）の初めにおいて、十界、十如是についての徳一の解釈を批判している。

徳一との論争に関しては、本書第六章において改めて論じたい。ここでは徳一との論争を機縁として、最澄がみずからの思想を形成していったことを指摘するにとどめたい。それまでの論議や自分の思索をまとめて、八二一年（弘仁一二）、死の前年、五五歳の最澄は『法華秀句《ほっけしゅうく》』をあらわした。智顗の『法華文句』を意識しての命名と思われるが、『法華経』が他の経典より勝れていると主張しようとしている。この著作が徳一との論争の最後となった。

大乗の戒壇院を設立する

晩年の最澄には、しのこしたことがあった。大乗の戒壇院の設立である。八〇六年（大同元）には百余名に大乗の戒をさずけている。これは唐において天台宗の道邃からさずけられたものであり、それを最澄は弟子たちにさずけていたわけであるが、この大乗戒は正式な比丘・比丘尼となるための具足戒とは本質的に異なっていた。具足戒を受けた場合、比丘は二五〇戒、比丘尼は三四八戒を守らねばならないが、大乗の梵網戒《ぼんもうかい》の場合はむしろ心がまえをすればそれでよかった。大乗戒は在家・出家の区別なくさずけることができ、比丘・比丘尼・沙弥《しゃみ》（僧になる前の修行者）・沙弥尼・一般信者などの区別はなくなる。

ようするに、大乗戒なるものは戒の放棄である。僧（比丘）と俗人（在家）との違いは、戒を守っているか否かにある。戒を保たない者はすなわち僧ではない。南都六宗の僧たちはそのように考えていたであろう。最澄は伝統的な「小乗の戒」つまり具足戒は、少なくとも日本の当時の仏教徒にとって不必要だと主張したのだ。

日本では七五三年、鑑真《がんじん》が一四名の弟子の僧を連れて来日し、東大寺に仮に設けられた戒壇で授戒がおこなわれて以来、授戒の制度が受け継がれていた。当時は中央（奈良）の東大寺、東国の下野《しもつけ》薬師寺、西国の筑紫《つくし》観世音寺の三ヵ所に戒壇院が設立されているのみであり、他の場所では具足戒を与えることはできなかった。最澄は比叡山に新しい戒壇院を建て、しかもそこでは僧たちに具足戒をさずけず、大乗戒をさずけたいと提唱した。最澄は生涯を通じて常に人々、それも時の権威や実権者たちを驚かした。一つの新しいことをすばやくあざやかにやってみせ、人々が彼の意図を理解した頃には、彼は次の新しいことを持ち出していたのである。

八一七年（弘仁八）、徳一への反論を公表した最澄は、翌年八一八年、「今より以後、声聞の利益を受けず（中略）みずから誓願して二百五十戒を棄捨す」（叡山学院『伝教大師全集』世界聖典刊行協会、新版五巻、一九八九年、附三三および、田村晃祐『最澄』、一九二頁）と宣言した。一九歳の時東大寺で受けた具足戒を、その時五二歳の最澄は捨てたのである。周囲は驚き、かつ困惑したにちがいない。一宗の責任者が「自分は僧であることをやめる」と言い出したからだ。

最澄個人が具足戒を捨てたといっても、奈良仏教は表面だった反応をしたわけではなかった。天台法華宗内部のことであり、最澄個人のことでもあったからだ。しかし、翌八一九年（弘仁一〇）、最澄が大乗の戒壇院建立のため申請書、いわゆる「四条式」を朝廷に提出すると、南都の僧たちは猛反発した。南都の僧たちにすれば、最澄の考え方は許すべからざることだった。仏教教団のあり方そのものに関することだったからだ。

戒律のない仏教へ

大僧都《だいそうず》伝灯大法師の護命《ごみょう》をはじめとして、南都仏教の代表者たちの最澄に対する言葉は厳しい。「僧最澄は唐の都を見てはいない。辺地に行ってすぐ帰ってきたにすぎないのに、今、勝手に規則を作り、〔朝廷に〕上表しようとしている。彼の文は浅く、理論もはっきりしない。法門を乱すだけではなく、僧尼令にも違反している」。

最澄は『顕戒論《けんかいろん》』（八二〇）に右の批判の全文を引用しながら、彼の反論を述べている。その最澄の反論を詳しく検討する余裕はないが、重要なことは、南都の僧たちがおそれたことがその後まもなく日本において起きてしまったということだ。つまり、日本仏教は戒律と関係のない仏教となったのである。それは遅かれ早かれ起きるべくして起きたことであった。最澄の死直後の大乗戒壇建立の許可の勅命は一つの結果であった。

最澄の試みは、日本仏教の歩みを先どりするものであったけれども、比叡山に新しい戒壇院を、という彼の願いはなかなかききとどけられなかった。年分度者申請の時とはその重みが違っていたからである。桓武天皇はすでになく、嵯峨《さが》天皇は最澄の支援者ではあったが、戒壇院に関しては「逃げにまわった」。八二二年（弘仁一三）六月四日、最澄は心残りのまま没した。南都の僧たちは胸をなでおろしたかもしれない。だが、最澄の没後一週間で、戒壇院の許可が下りてしまった。反対派は仰天したことだろう。哲学者梅原猛氏のいわれるように、最澄はまさにみずからの死によってそれを勝ちとったのである。

最澄は「具足戒を捨てた」からといって、放逸で贅沢《ぜいたく》な生活を始めたわけではない。彼は生涯を通じて、人里離れた山林に住む清浄な行者であった。弟子たちに残した遺戒には、大乗戒を受けた天台宗の僧は、集会では沙弥の後ろに坐《すわ》るべし、とある。つまり、みずからを在家の位置に置いているのである。さらに、衣、供物《くもつ》、住居、臥具《がぐ》など、あくまで質素で粗末なもので満足すべきだといい残している。最澄の僧のイメージは、一〇名もの僧によって大寺院の戒壇院で具足戒を受け、その戒を守ることにほとんどのエネルギーを費やす伝統的な比丘ではなかった。心がまえ一つで山林で修行する者が彼の理想とする「僧」であった。彼は具足戒を受けてから三〇年以上を経た時に、戒を捨てることによってみずからモデルを示そうとしたのである。

最澄は、このように、中国で生まれた仏教体系を日本に据えて、日本仏教のリーダーたちを育てた祖であり、さらに密教を導入し、具足戒を持たない山林修行者的タイプの僧を養成しようとしたオルガナイザーであった。

第四章　天台実相論

1　諸法は実相である

日本人の世界観をつくった天台実相論

すでに述べたように、最澄が新しい仏教として提唱した天台仏教の特質は「実相論」と表現されてきた。天台の教学は、「天台実相論」と呼ばれることが多い。この実相論の考え方が日本型の仏教を特徴づけ、さらに広く日本人の世界観を形成してきた。しかし、この天台実相論はインド仏教の諸学派の理論と比較すると、かなり異なる特徴を有している。そしてその特異な部分が、「中国的」あるいは「日本的」な部分なのである。

「天台実相論」という場合の「実相論」とは、諸法つまり現象世界が実相つまり真実のものである（諸法実相）という思想を意味している。しかし、「諸法が実相である」という考え方そのものが、そもそも仏教の伝統から離れたもの――あるいは反するもの――ではなかろうか。というのは、「諸法無我」（いかなるものにも常住の実体〈我〉はない）および

「諸行無常」（虚空などわずかなものを除いた現象世界のいかなるものも常住ではない）というのが仏教の鉄則なのであるから。

現象世界に実体がなく常住性がなくとも、実相ではあり得る、と天台はいうのであろう。しかし、諸法が実相であると主張することは、諸法になんらかのかたちで執着することにはなりはしないか。感官を誘惑する対象に価値を置くことなく、それらをしりぞけてこそブッダの説く悟りが得られたのではなかったか。『般若経』は「色（物質）は空なるもの（シューニャ）である」という。「空なるもの」とは、後世さまざまに解釈されたが、元来は「からっぽ」という意味であり、真実、真如などという意味はない。ようするに、物質は無であるというのが、少なくとも初期大乗仏典としての『般若経』の主張であった。

しかし、天台教学は正面から「諸法は実相である」と主張する。価値のなきもの、空なるもの、「俗なるもの」であった諸法が、真実であり「聖なるもの」となった。このような変質は、天台思想の特質といえよう。しかし、この種の考え方は、天台に限ったものではなく華厳教学にも、さらに密教にも見られる。はじめに述べたように、そのような現象こそ日本型仏教の特色である。どのような経過をたどってそのような価値の変質が生じたのか、改めて天台の教学の概観をしてみたい。

天台大師智顗《ちぎ》の教学は六世紀に大成されたものであり、最澄が学んだ八世紀末から九世紀初頭までには天台教学は少なからず修正を受けざるを得なかった。例えば、智顗の体系では毘曇宗《びどんしゅう》（アビダルマを研究する宗）が占めていた位置を、後には倶舎宗《くしゃしゅう》が占めた。日本に天台関係の典籍が伝えられたのは八世紀中葉、鑑真によってと考えられている。日本においても天台の学習は、最澄の立宗までに半世紀以上続いていたことになる。最澄が学んだのは、智顗が築いてから二世紀を経た唐の時代の天台の教学であった。後世一般に日本の天台宗で理解されている天台思想とは、したがって、唐の時代のそれである。その天台の教学を概観することにしたい。

2　天台の教判——八教とはなにか

すべての経典はブッダが説いたもの

天台教学が、すべての経典は釈迦《しゃか》（ブッダ）が一代で説いたものだと考え、悟りを得た後涅槃《ねはん》に達するまでの布教生活を五時期（五時）に分けたことは、すでに述べた（第一章第二節）。

その五時に説かれた教法を、その説き方と内容とから区別して「八教」という。この八教は、その説き方から区別した四教（化儀《けぎ》の四教）と、その内容から区別した四教（化法《けほう》の四教）とに分かれる。

「説き方から区別した四教」とは次の四である。

（一）頓《とん》教（悟りの内容を直ちにすみやかに説いた教え）

（二）漸《ぜん》教（悟りの内容を順を追って説いた教え）

（三）秘密《ひみつ》教（聴聞者が他の聴聞者があるとも知らず、その教えの内容も知らないような教え）

（四）不定《ふじょう》教（聴聞者は他に聴聞者があるのを知っているが、その教えの内容は知らないような教え）

第一の頓教は第一時の『華厳経』であり、第二の漸教は第二時から第四時までの阿含、方等および般若を指す。第三の秘密教と第四の不定教は、第一時から第四時までの四時に共通して見られ、第五時の法華は、頓・漸等の四つのいずれでもない、と考えられている。「説き方から区別した四教」の天台教学における意味はさほど大きくないが、次の「内容から区別した四教」の意義はきわめて大きく、天台の教学の骨子であるといってよい。

「内容から区別した四教」（化法の四教、蔵《ぞう》教・通《つう》教・別《べつ》教・円《えん》教）を理解するためには、

『中論《ちゅうろん》』に戻らねばならない。以前に考察した『中論』二四章第一八偈《げ》（縁起なるものそれを空性と呼ぶ。それ（空性）は仮説であり、中道である）は、天台教学にあっては「三諦《さんたい》の偈《げ》」と呼びならわされてきた。中国・日本を通じて『中論』がもちいられる時には羅什《らじゅう》訳『中論』がもちいられてきたが、羅什訳『中論』三諦の偈は次のようである。

衆因縁生法　我説即是無　亦為是仮名　亦是中道義
（衆の因縁より生ぜし法は、我即ち是れ無と説く。また是れ仮名と為し、また是れ中道義なり）

しかし、天台において一般にもちいられる三諦の偈の前半二句は、「因縁所生法　我説即是空」（因縁より生ぜしところの法は、我即ち是れ空と説く）というものである。とはいえ、この違いはそれほど重要ではない。なぜならば、いずれにせよ天台の教学はこの偈をもとにして「空」「仮《け》」「中」という三諦（三つの真理・あり方）という考え方を引き出したのであり、いずれの訳からもそれは可能であったろうからだ。

空・仮・中——現象世界への三つの観点

天台では、現象世界つまり「縁起の理法（ものが原因・条件に縁《よ》って生ずること）によって成り立っている世界」に対して、三つの観点（空・仮・中）を設定する。「空」とは、あらゆるものに恒久不変の実体が存在しないことをいい、「仮」とは、それらのものが実在しないのではあるが、仮の存在のすがたを見せていることをいい、「中」とは、ものはすべて「空」の側面と「仮」の側面とをあわせもっていることをいう。

例えば、人体は死後に消滅する運命にあり、恒久不変の実体を有しない。しかし、人体は数十年にわたって活動を続けるシステムであるという点では不変ではないにせよ、仮の存在のすがたを見せている。また観点を変えるならば、人体は、消滅して無となるという「空」の側面と、一つのシステムとして活動を続ける存在であるという「仮」の側面とをあわせもっている。すなわち「中」のあり方（諦）にある。

われわれにとって問題なのは、天台におけるこの三つの真理・あり方（三諦）という考え方が、龍樹が『中論』で述べようとしたことと異なっていることだ。

天台智顗は、彼の三諦の考え方を『中論』三諦の偈と、「紀元五世紀頃の中国偽作と考えられる『菩薩瓔珞本業経《ぼさつようらくほんごうきょう》』に説く従仮《じゅげ》入空《にっくう》・従空《じゅくう》入仮《にっけ》・中道第一義の三観《さんがん》を応用して」（田村芳朗「天台法華の哲理」『仏教の思想5』角川ソフィア文庫、一九九六年、八八頁）つくりあげた。その偽作に影響を受けたとしても、天台智顗はなぜ、かの偽経の編者と同じ考え方を持つことができたのか。中国という文化の土壌を考えざるを得ない。「仮」という言葉は、『中論』では幾度も語られない。そこでは「仮」とは、一度空性にいたった者にはじめて許されるものであって、否定を受けていない「俗なる」ままの現象世界のことではない。その「仮」が、天台の教学においては俗なる現象世界を示す語としてもちいられている。それによって、「仮から空」、「空から仮」の語句は、宗教実践の過程、時間の構造を有する変化ではなくなり、静的な真理の表現となってしまった。

ともあれ天台の教学では、空、仮、中という三つの真理・あり方（諦）を設定した。ここにいう「空諦」とは、「仮より空に入る見方・場面」（従仮入空観）をいい、「仮諦」とは「空より仮に入る見方・場面」（従空入仮観）を意味し、「中諦」とは、中道そのものをいう。三諦の偈をサンスクリットで読むかぎり、「仮」と「中道」がこのように異なるものだとは考えられない。もし今、龍樹自身の三諦をあえて考えるならば、「縁起より空に入る場面」を「縁起諦」、空性に入った瞬間を「空諦」、「空性より仮・中道に入る場面」を「仮・中道諦」とでも名づけることができるかと思う。

円教こそ最高の経法

ところで、天台における空諦はさらに「析空観《しゃつくうかん》」（分析的な空の見方）と「体空観《たいくうかん》」（法の当体を空とする見方）とに二分されるので、三諦は結局は四つの諦となる。この「四つの諦」がブッダの教えの内容と考えられ、「内容から区別した四教」（蔵・通・別・円）に次のように配分される。

（一）蔵教《ぞう》――空諦・析空観……無中教
（二）通教《つう》――空諦・体空観……含中教
（三）別教《べつ》――仮諦
（四）円教《えん》――中諦

『中論』三諦の偈は、縁起の世界を否定して空性にいたり、そして空性の働きによって仮説の世界が存することを言っているのであって、それは一続きの宗教実践のプロセスを指している。しかし、ここにいう空諦は、対象を「空である」とする見方を指すのみである。一連のプロセスが問題となっていないような教法が、第一の蔵教とされている。具体的には、『阿含経』、一部の律、『婆沙《ばしゃ》論』、『倶舎論』などをいう。これらの経・論は大乗的な空の思想を含んでいない。したがって「無中教」と呼ばれるが、ここでの空（性）は無為法（原因と結果の関係によって作られてはいないもの）を指している、と天台教学では考えられている。ちなみに、「五時」が考えられる場合には釈迦の一代の教えのみが問題となったが、「化法の四教」が考察されるときには、少なくとも日本の天台では『婆沙論』『倶舎論』といった論書も視野に入っている。

第一の通教とは、三乗つまり声聞・縁覚の二乗の小乗と、菩薩乗の大乗に共通している教を指す。この教法は、体空観、つまり「法（もの）の当体は空であるという見方」によっている、と考えられている。第一の蔵教では、大乗的な空思想が説かれていなかったが、第二の通教では、「諸法は空である」という大乗的な空が説かれ、「大乗の初門」と呼ばれる。通教のみを説いた経論が存するのではなくて、大乗経中で三乗に通ずる説を述べるものを、通教に当てるのである（宇井伯寿『仏教汎論』下、一一〇頁）。

第三の別教とは、二乗とは別の純粋に大乗の教えを意味する。蔵・通は空諦に片寄りがあったが、別教にいたって仮諦に焦点があたるようになる。『華厳経』などがこれに属す。最後の円教はむろん『法華経』を指す。事と理が円融している教えの意味である。

以上の四教はその内容から分類されたものであるが、その内容とは空思想の基礎概念である三諦を分類の根拠の一つとしているのである。これは、天台の教学が仏教全体を空の思想としてとらえていたことを物語っている。

本節で考察してきた「八教」は、「説き方から区別した四教」（化儀の四教）と「内容から区別した四教」（化法の四教）とに二分されるが、天台実相論の基本構造の理解がさしあたっての問題である本書にとって、後者の方がより重要である。第一章第二節で考察された「五時」（華厳時、阿含時、方等時、般若時、および法華・涅槃時）は、天台宗が成立するまでの、したがって密教経典を除く経典（スートラ）を釈迦一代の説法としてまとめたものであった。それに対し、「化法の四教」は、「五時」の経典に加えて、世親作『倶舎論』などの著者名の判明した――したがって、釈迦の説法ではない――論典（シャーストラ）なども加えて、仏教思想全体を天台の三諦の考え方によってまとめ直したものである。三諦の「空」「仮」「中」という順序が重要だ。この順序によって思想は高みに昇り、円教すなわち『法華経』の教法は「中」のあり方を具現する最高の教法と考えられるのである。

3　天台教学における空

中国仏教理解のむずかしさ

従来、天台教学においては『中論』三諦の偈の四句それぞれは、化法の四教のそれぞれを指していると考えられてきた。すなわち、第一句の「因縁所生法」は蔵教を、第二句の「我説即是空」は通教を、「亦為是仮名」は別教を、「亦是中道義」は円教を指すというのである。第一、二句は、あわせて因縁所生の法が空であることを述べているので、空諦を述べていると解釈される。第三句は空から仮が生まれる場面であるから仮諦、第四句は中道を述べているゆえに中諦を指すと考えられている。

漢文の四句を四つの教法（四教）に配分するのであるから、いささか無理がないわけではない。しかし、天台の三諦における最大の問題は、第三句を仮諦、第四句を中諦に配したことにある。サンスクリット・テキストに従うかぎり、「仮」と「中道」とは同じ次元のものであった。それに対し、天台教学においては仮諦と中諦とが次元の異なるものと考えられている。

田村芳朗氏は「天台法華の哲理」（『仏教の思想5』角川ソフィア文庫、九一頁）において、天台の伝統的な命名を次のように説明されている。

> 従仮入空における仮空と従空入仮における空空とあわせて双遮《そうしゃ》と呼び、従空入空における空用《くうゆう》と従空入仮における仮用《けゆう》とをあわせて双照《そうしょう》と称し、さらに双遮と双照をあわせた「双遮双照」が、中道第一義にあたると説いてもいる。

ここで注目すべきは、「仮空」と「空空」と名づけることによって、「仮より空に入る」

場面の空と「空より仮に入る」――「空より仮へ出る」とも表現できる――場面の空とが異質のものであるという理解が一応は存することである。「遮」とは否定的契機を、「照」とは肯定的契機を意味する。「空用」と「仮用」の区別もなされている。すでに述べたように中国語の「用」に正確に対応するサンスクリットの概念はない。空の「目的」（プラヨージャナ）と空の「意味」（アルタ）という二つの概念がもちいられており、これらが中国語の「用」に近い。しかし、「空用」はともかく、「仮用」という概念はサンスクリット・テキストでは考えられない。というのは、空の用が仮とみなされているからだ。ここにも中国的あるいは天台的な空の理解を見てとることができる。

「仮空」と「空空」を合わせて「双遮」、「空用」と「仮用」を合わせて「双照」と呼ぶ論理は理解できないわけではない。「仮空」と「空空」はそれぞれ成立している時間が異なるので、この二つを「合わせ」て「双遮」（二つの否定的契機）と呼ぶことはできる。「空用」と「仮用」に関しても、それぞれの用の存立する時間が異なるので、「合わせ」て一つの概念「双照」（二つの肯定的契機）を作ることは可能だ。そして、「双遮」と「双照」とを「合わせ」て「双遮双照」という概念を作りあげることも、「双遮」や「双照」という概念が可能であったと同じ理由によって可能であろう。

ならば、ここにおける中諦とは一体何を意味するのか。空諦と仮諦との二つの「和」なのか。もし単なる「和」ならば、改めて第三の真理（諦）として立てる意味はない。中諦は単なる「和」ではなく、空諦と仮諦の統一・融合であり、より高い段階へと進んだものとして理解されている。すなわち、仮より空に入ることと空より仮に入ることが二つながら起きる場面、それは実際には空における時間と見るか、交流の電気のように方向の異なるベクトル（方向量）が交錯するものと見るかである。空を瞬間的なもの、そこにおける行為の許されないものと考えることに天台教学が満足しないことは明らかであるゆえに、後者のように中諦を考えるべきなのであろう。しかし、それはいったいどういうことなのか。異なるベクトルの統一、それははたして可能なのか。天台教学さらには中国仏教の空の理解の困難さはここにあると思う。

以上をようするに、あるものを「空」と観ずる場面と「仮」と観ずるときの場面とがどのような関係にあるかということである。『中論』の著者龍樹によれば、縁起なるもの（あるいは縁起せるもの、現象世界）は空（空性）であり、その空性は仮説・中道であった。つまり、縁起が空となり、空が仮となることによって現象世界が聖化されるのである。しかし、天台教学では縁起せるものに対して、（a）「空」と観じて「仮」と観じ、また（b）「仮」と観じて「空」と観ずるという方向の異なる二つの観想行為のレヴェルを設定する。そして（a）と（b）とが二つの異なるあり方ではなく、「中」においては統一されていると主張される。しかし、その統一がはたして論理としてとらえられるものであるか否かは今後の研究課題なのである。

4　四つの心理――四諦

四諦――もっとも重要な真理

とはいえ、四教の考察はまだ終わっていない。三諦《さんたい》（空・仮・中）が四教分類の根拠の一つであることはすでに示したが、四諦《したい》（苦・集・滅・道）という仏教の教説の中のもっとも古く重要な真理（諦）も、四教《しきょう》分類の根拠の一つである。苦《く》諦とは、人間の生が苦に満ちているという真理・あり方をいう。集《じっ》諦とは、その苦の原因は無明《むみょう》（正しい智の欠如）にあるとする真理をいい、滅《めっ》諦とは、その原因（無明）が滅せられたとき智（悟り）が得られるという真理のことである。第四の道《どう》諦とは、無明という苦の原因を滅するためには手段（道）が必要であることをいう。

この四諦は、釈迦の時代より仏教の根幹として伝えられてきたが、天台もまた、仏教の内容はこの四諦を説いているととらえる。しかし、四教分類の際、四諦のそれぞれをそのまま四教に配分するわけではない。天台では、四つの四諦に生滅に関する四句分別《しくふんべつ》の四格それぞれを対応させて、生滅、無生滅（非生滅）、無量、無作の四諦を考え、その四つの四諦を四教に配分するのである。

生滅・無生滅等の四種は、伝統的に「四句分別」（チャトゥシュ・コーティ）といわれてきた判断形式の四種の組み合わせとして理解できる。この四句分別は『中論』や空思想一般においても重要であるので、次にその論理構造を説明しておきたい。一般的にはAとBの二概念の関係を考える場合、Aの領域とBの領域は図3に見るように、四種である。つまり、A、B、AかつB（AでもありBでもある領域）、非Aかつ非B（AでもなくBでもない領域）の四種である。

ところが『中論』などの仏教文献には、右に述べたような四種の組み合わせの特殊な型が登場する。それは、Bが非Aである場合である。その時考察の対象となる四領域は、A、非A、Aかつ非A、「AでもなくAでもない領域」という四つ（四格）となる。「Aかつ非A」は、矛盾、あるいは「Aでもあり非Aでもある領域」つまり全論議領域であるか、というように二種に理解される。第四格の「Aでもなく非Aでもない領域」とはようするに無である。全論議領域（D）がAと非Aという補集合的配分を受けており、Aの領域でもなく非Aの領域でもない領域は存しないのである（図4参照）。

『中論』などでは、このような二つの補集合的な概念とその二項の組み合わせを合わせた四格が「四句分別」と呼ばれてきた。天台の四種の四諦も、この四句分別の形態の一種と考えられる。「生滅（A）・無生滅（非A）・無量・無作」の第一、二格は明白であろう。「無量」とは、第三格が矛盾と考えられた場合ではなく、生滅の領域と無生滅の領域の和――すなわち生滅があってもなくてもよいケース――が想定された場合である。「無作」とは、生滅もなく無生滅もない格を意味している。

四諦が四教に配される

以上の四つの格が付された四諦が、四教（蔵教、通教、別教、円教）に配される。生滅の四諦とは、生滅によって説明される四諦のことである。苦諦は因縁によって生ずるもの

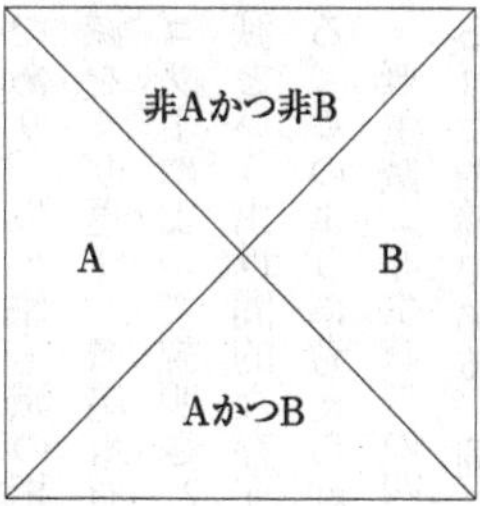

図3

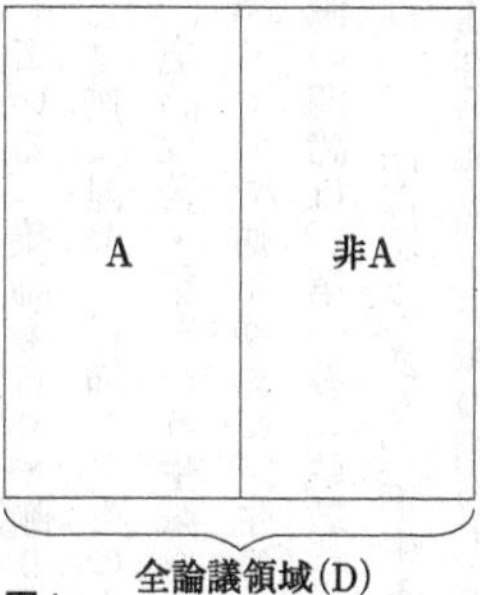

図4

であり、生・住・滅の相《すがた》を示している。集諦も貪《むさぼ》りや瞋《いか》りなどの煩悩のかたちをとって生滅をくり返す。滅諦も有を滅して無（涅槃）に帰ったものと考えられるので、生滅のカテゴリーによって説明され得る。道諦は苦・集という生滅をくり返す世間的存在に相向かい、滅という出世間的な存在へと導くものであるゆえに、生滅のカテゴリーによって説明される。このように考えられた生滅の四諦は、第一教「蔵教」の内容であると天台は考えた。

無生滅（非生滅）の四諦とは、「一切は空であり、不生不滅である」という観点から見られた四諦である。同じ苦・集等の四諦が生滅の相のもとに見られ（蔵教の立場）、また一方では生滅のない相のもとで見られるのである（通教の立場）。

無量の四諦とは、四諦のそれぞれに無量すなわち「生滅があったりなかったりする」相があると考えられた場合である。これが第三の別教の内容となると考えられている。

第四の無作の四諦とは、生滅によって作り出されもしないし、「生滅の欠如」（無生滅）によっても生み出されもしないという観点から考えられた四諦である。これが円教の内容となるというのである。

四句分別は龍樹が『中論』において好んでもちいた論法であった。約四五〇偈の『中論』には、不完全な（第三格あるいは第四格を欠く）四句分別も含めるならば、約三〇回もちいられている（拙著『中論の思想』法蔵館、一九九四年、二五二頁）。このように、天台の教学は三諦の偈や四句分別など『中論』と密接な関係にあるといえよう。

前節では「内容から区別した四教」の三諦（空、仮、中）の観点からのランキング付けが考察されたが、本節ではその四教が四諦（苦、集、滅、道）の観点からランキング付けされることがとり上げられた。四諦を直接に四教に対応させるのではなく、「四句分別」に現われる四格それぞれの性格を帯びた四諦が、四諦全体を一単位としたままで、四教と対応させられるのである。「四句分別」とは、古代インドの判断形式の一つの型であり、「A、B、AかつB、非Aかつ非B」という四つの格を有する。ただし、天台の教学においていて四諦と関連づけられる「生滅、無生滅、無量（生滅あるいは無生滅）、無作（生滅もなく無生滅もないこと）」という四格の場合は、Bの格が非Aである『中論』型の四格である。「四教」のうちの最高位の円教は、三諦の「最終」の「中」にあたり、「四句分別」の第四格の性格を帯びた四諦に相応する。

5　事・理と四教

界内と界外

「事」と「理」という一組の概念が、中国仏教の理解にとって重要であるとすでに述べた

（本書第二章第三節）。「内容から区別した四教」（化法の四教）それぞれの特質づけが、天台では「事」と「理」の概念によってもおこなわれてきた。その場合、四教をまず「界《かい》内《ない》」と「界外《かいがい》」の二種に分け、次にその二種それぞれのうち、「事理相即のもの」と「事理不相即のもの」とに分ける。「界内」とは、三界《さんがい》（欲界《よくかい》〔欲求の盛んな世界〕、色界《しきかい》〔欲求はないが物質の存する世界〕、無色界《むしきかい》〔欲求も物質的存在もない世界〕）と六道《ろくどう》（地獄《じごく》、餓鬼《がき》、畜生《ちくしょう》、阿修羅《あしゅら》、人間《にんげん》、天上《てんじょう》）の内部のことのみを説く教えをいい、「界外」とは、三界・六道にとどまらず、浄土などをも説く教えのことを指す。

第一の蔵教では、現象世界の迷悟の事象の外に空理を説くから、事と理とは別のもので相即しない。蔵教では事が止滅させられないが、「事を止滅させないうちは理は現われない」（稲葉圓成『天台四教儀講義』名著出版、一九七六年〔一九三三年の複刻〕、一九六頁）。蔵教が扱っている範囲は「界内」であるから、蔵教は「界内の事理不相即」と呼ばれてきた。

第二の通教では、空理が説かれ、「色は空であり、空は色である」と説くことによって、理（空）と事（色）とが相即していると考えられる。その扱っている範囲は「界内」である。したがって、通教は「界内の事理相即」と呼ばれてきた。

第三の別教では、諸法（事）を真如（理）に依拠したものとは考えるが、諸法がただちにそのまま真如であるとは考えない。理としての真如があらわになるためには、事としての諸法は「高い波がおさまった後に静かな水面が現われるように」一度みずからのすがたを変えねばならない。一方、別教は三界を越えた世界も視野に入れている。したがって、別教は「界外の事理不相即」と呼ばれてきた。

第四の円教では「万法の波がそのまま真如の水であり、波のままが水である如くに万法の差別相のままが真如の体の全現である」（稲葉圓成『天台四教儀講義』、一九七頁）。そして、この教は「界外」をも対象とするので、「界外の事理相即」と呼ばれてきた。

このように「化法の四教」は、「事」と「理」の相即と不相即を軸にした分類もなされてきた。相即が不相即よりも一歩進んでいると考えられたところに、いわゆるインド型の唯名論的傾向を見ることができよう。

「内容から区別した四教」（蔵教、通教、別教、円教）をどのような根拠によって秩序づけるかが天台教学の主要課題の一つである。三諦、四諦などの観点からの四教の秩序づけを前節で見てきたが、本節では事と理というカテゴリーの観点から四教のランキングを考察している。天台のみならず、華厳や密教などにとっても同じだが、事と理との相違が明確になっているほど「未熟な」仏教と考えられ、両者が融合・相即すればするほど「円熟した」仏教と考えられる。個々の現象としての「事」と諸現象の背後にある普遍的原理としての「理」とが融合・相即するということは、個々の現象がそのかたちのまま普遍的原理であるということを意味する。これが実相論の意味なのである。

6　三諦――空・仮・中

表現の魔術

天台の三諦については、これまでに必要のあるたびに言及してきたが、ここでまとめて考察してみたい。

『中論』二四章第一八偈を再度引用しよう。

縁起なるものそれを空性と呼ぶ。
それ（空性）は仮説であり、中道である。

ここでは「それ」は空性を指しており、縁起なるものを指してはいない。この点が天台の理解と比較するとき重要だ。天台宗においてもちいられてきた三諦の偈をも再度見てみよう。

因縁所生法　我説即是空　亦為是仮名　亦是中道義

（因縁により生じた法を我は空と説く。またこれを仮名とも中道の義とも呼ぶ）

ここで「仮名」および「中道の義」と呼ばれているのは、伝統的には因縁より生じた法であって、空ではない。これはサンスクリット・テキストとの大きな違いである。すでに述べたように、サンスクリット・テキストには縁起が空と呼ばれ、空が仮説・中道となるというように、縁起→空→仮・中道という方向があった。

しかし、天台宗は伝統的に、縁起（因縁所生の法）が空であり、仮であり、中道であると読んだのである（宇井伯寿『仏教汎論』下、一二一頁参照）。すなわち、縁起によって生じた法（諸法）に、空、仮、中という三諦が備わっていると考えられたのである。このような見方からすれば、縁起→空→仮・中道という方向性は見られないのが当然である。

たしかに「従仮入空」とか「従空入仮」という表現は、仮→空あるいは空→仮という方向性を示していたように思われる。しかし、これは見方の変化である。つまり、仮として見ていた縁起の法（諸法）を空なるものと見るようになるという、「仮の見方」から「空の見方」への変化ということになる。一方、龍樹は、ヨーガ行者が実際にみずからの心作用を止滅させていくように、言葉という「俗なるもの」を実際に止滅させていって、「聖なるもの」としての空にいたることをめざしたのである。

このようにして、天台は一つの法に三つの諦が備わっているとし、さらに一つの諦に他の二つの諦が備わるとも主張する。「空のままが仮であり中であり、仮のままが空であり中である」というような表現が好まれる。このような表現が従来は天台教学の、あるいは仏教哲理の深奥を伝えるものだと思われたこともあったであろうが、われわれはそのような表現の魔術にかかってはならない。まず天台教学が論理的に考えた地点がどこまでかを正確にはかり、逆説的あるいは神秘的表現の意味するところを考察し、冷静な評価をしたうえで、各自の力の及ぶ限り教学の有する財を受け止め、受け継ぐ必要がある。

三諦円融

天台の教学において、三諦のそれぞれが他の二諦を備えていることは三諦円融《えんにゅう》と名づけられる。しかし、この見方では、「仮より空に入る」場面や、「空より仮に入る」場面というような「一つの状況より他の状況へといたる」という一定の方向を伴う運動・実践は、ほとんど成立する余地がないと思われる。しかし、本章の考察（一一四頁）で見たように、天台教学は「仮より空にいたる」を空諦、「空より仮にいたる」を仮諦と名づけていた。少なくともその場合には、仮↓空、空↓仮という方向を有するベクトル（方向量）が問題となっていたではないか。これは矛盾ではないのか。

このような疑問に対する答えは、天台教学の中にすでに用意されている。つまり、そのような一定の方向を有する実践は、円教ではなく、一ランク下の別教で主として説かれるものだと天台は答える。別教によれば、仮から空に進み、次に空から仮へと進み、さらに中へと進むと考えられる。仮↓空↓仮↓中という運動に時間の幅が認められている。このような三諦の理解を「次第の三諦」という。

第一・二の蔵・通教においても、別教の場合と同じように時間の経過を軸にした、つまり一続きのプロセスとされた三諦が考えられている。

しかし、このような「次第の三諦」は、尊重すべき仏法ではあるが、釈迦の教法の究極的なものではない、と天台は考える。もっともすべての教えが上下のへだてなく、すべて一つの教え（一乗）であるならば、蔵・通・別・円というランキングそのものが無意味となる。もしもこの四教が上下の区別をするランキングではないというならば、蔵教等の四つはまったく並列に――あたかも八百屋でトマトとジャガイモとキュウリなどが並ぶように――並べられてしかるべきであろう。しかし、明らかに円教は他の教よりも優れていると主張されている。

天台教学のジレンマがここにある。声聞・縁覚の二乗（小乗）と菩薩乗（大乗）がともに、成仏をする道であるならば、一乗などというランキングも必要ない。しかし、天台ほど『法華経』、円教、一乗等の優位性にこだわる者たちはいない。これは経典のすべてが釈迦によって説かれたものであり、釈迦のすべての教えが同一の目的（成仏）に収斂《しゅうれん》しているという前提に立って、その経典にランキングをした結果なのである。今日のわれわれにとってこのような経典のランキングはほとんど意味がない。意味があるのは、さまざまな異なる立場を一つの統一へとまとめようとする構想力であろう。しかし、異なるもろもろの立場を観念の中で止揚してしまうという、安易な「聖化」は避けねばならない。

円教の超論理性

以上をようするに、天台教学は少なくとも二つ以上の論議レベルを有している。最高のレベル円教は論理を超えたものであり、その超論理性をもって円教の優位性を主張し、論理性が必要となると下のランクの別教や通教にその任をまかすという仕組みが天台教学にある。論理と論理を超えたものとの関係は、仏教全体の問題であった。龍樹も論理（世俗《せぞく》諦《たい》）と論理・言葉の止滅した最高真理（勝義諦《しょうぎたい》）との関係の解明に苦心した。

くり返し指摘したように、天台によるその関係のとらえ方は、龍樹をはじめとするインド中観派の考え方を離れて、中国的なものとなっている。その中国的特質は、同一の対象に関する相反する判断を、観法という実践の中で、ある局面では論理を無視して組み合わせることである。

もっともそのような傾向がインド思想にもないわけではない。逆説的表現こそ宗教的奥義の効果的な表現であり、論理あるいは言葉を超えた真理を言葉によって表現するときには、例えば、「Aは非Aである。ゆえに『A』といわれる」というような逆説とならざるを得ない、というインド仏教の解釈は、現代の仏教研究者の間にも見られる。

論理を超えたものの存立を設定することが、宗教哲学的に是か否か、という問題にここで立ち入ることはできない。また「論理を超えた真理」の言葉による表現が、逆説とならざるを得ないのか否かの問題も、しばらく措《お》くことにしたい。ただ天台教学においては、そのような逆説あるいはそれに近い表現が多用されることは事実であり、そうした中国的思惟《しゆい》にわれわれも深く刻印づけられている。

中国人の考え方はおおよそ現実的である。眼前に展開する現象世界はともかくも存在するものだと彼らは考え、世界が非存在の空なるものである、とは考えなかった。天台大師智顗は、そのような肯定的現実的な中国人の世界観に立場を置きつつ、『中論』に代表される空思想の否定的契機をもみずからの思想の重要な柱として組み入れた。この肯定と否定という相反する二つの契機をあわせもつことで、天台教学は思想の普遍性を有することができたのである。

第五章　一念三千の哲学

1　一念

一念に世界のすべてを見る

前章においては、実相と空との関係が扱われた。この場合の空は、『中論』二四章第一八偈《げ》を、天台智顗《ちぎ》が「三諦の偈」として読みかえた結果であった。実相と空に対するそのような立場に立って、天台の教学は諸経典諸学派の独自の教判をおこなった。この教判は、天台の世界観と深く関わっている。天台の世界観の核心は、「空」「仮」「中」という三つのあり方（諦）をいかに融合させるかにある。

三諦それぞれが他の諦を含み、「仮のまま空、空のまま仮、仮のまま中」であるようなあり方とは、一定の方向を有し、一定の時間の幅を有する行為・プロセスではなく、むしろ瞬間としてとらえられる。

天台の究極的な立場である円教の三諦円融には、時間の経過の中における人間行為の位置づけといった歴史は視野に入っていない。というよりもそれはあり得ない。あるのは、瞬間における一念（一心）である。あえて歴史をいうならば、その一念という点が無限に連なって作られた擬似的な連続が歴史と考えられるかもしれない。

天台哲学は、このような一念に世界のすべてを見ようとする。というよりも、一念が世界であり、世界が一念に他ならないという。このような考え方が「一念三千《いちねんさんぜん》」と呼ばれてきた。

一瞬の中にすべてを見る、という態度は、ひとり天台のみのものではない。禅文化の中にも見られる。円を一つ描いて、これが宇宙である、と禅僧に示されても、われわれ日本人にはそれなりの納得がいく。

白い紙に筆で描かれた一つの円によって、世界あるいは宇宙の構造を理解できるわけではない。しかし、世界を一つのまとまりとしてとらえること、すなわちその全領域を何らかの表象の仕方でとらえることで、われわれ日本人は安心してしまうのかもしれない。

天台の教学は、白い紙に描かれた円だけでは満足しないで、円の中に精緻《せいち》な図を書きこむ。「一念」あるいは「一心」と呼ばれる一瞬をとらえた一枚の写真のようなものを提示することに、天台の教学は全力を傾ける。

一方の、一念の中身とされる「三千」とは、十界（じっかい、じゅうかい）、十如是《じゅうにょぜ》、三《さん》種世間《しゆせけん》の組み合わせによる数字である。つまり、十界のそれぞれに十界があるゆえに、百界となり、百界の各々に十如是が具《そな》わるので千となり、十如是それぞれが三種世間を有するので全部で三千となるというわけだ。

天台の世界観の端的な表現たる「一念三千」は、天台の法門の異名となっている。

2 十界互具

人間精神の種々相

「十界《じつかい》」とは、さまざまなあり方の人間を指すことばで、『華厳経』や『大智度論』に説かれる地獄界、餓鬼《がき》界、畜生《ちくしよう》界、阿修羅《あしゆら》界、人間《にんげん》界、天上《てんじよう》界、声聞《しようもん》界、縁覚《えんがく》界、菩薩《ぼさつ》界および仏《ぶつ》界という一〇の「界」をいう。前の六つは凡夫であり、後の四つは聖者である。

ここの「地獄界」とは、地獄におちた人間を指すのであって、地獄の山とか河とかをも意味しているのではない。他の「界」も同様であって、「人間界」とは人間たちを、「仏界」とは仏たちを指す。人が地獄におち、餓鬼となり、畜生ともなる。仏となるのも人間である。とすれば、人には地獄の性質、餓鬼の性質、さらには仏の性質(仏となる可能性)があることになる。

このように人間界には、十界あるいはその性質が存するのである。同様に天上（天）も人間となったり、声聞となったり、時には阿修羅ともなるので、天上界にも十界のそれぞれが存するということになる。この論法でゆくと、仏も地獄におちたり、畜生となったりすることができる。仏が地獄におちる可能性は、もしあったとしても、人間が地獄におちる可能性よりも小さいであろうが、天台の教学がここで主張しようとしているのは、「界」の相互性である。

十界のうちはじめの六つは、「六道輪廻《ろくどうりんね》」という時の六道（六趣《ろくしゅ》）である。第一〇の仏となると、輪廻を脱出した存在であるゆえに、その生涯を終われば再び肉体を受けて輪廻することはないと考えられた。シャカ族の王子として生まれてブッダ（仏陀）となったゴータマ（シッダールタ）は、涅槃《ねはん》に入った後は再び肉体を得て輪廻することはないので、「最後の世（生涯）を送る者」と呼ばれた。第七、第八、第九の声聞・縁覚・菩薩は、輪廻を脱出してはいないが、仏、すなわち輪廻よりの解脱者《げだつしゃ》となるべく努力をしている存在である。

『法華経』と天台智顗の教学、さらにはそれにもとづいた最澄の思想はすべて、現世つまり今生きている生涯に関するものであって、死後（後生）のことをほとんど問題にしていない。平安中期以降は日本において浄土教が盛んになり、天台宗は浄土教の要素を多分にとり入れていった。しかし、中国の唐までの天台や、日本天台宗の祖であった最澄には、後生の問題や浄土教的要素はほとんど見られない。このような意味での現世主義は、真言宗の祖、空海の態度でもあった。

重要なことは、地獄から仏までの一〇のあり方がそれぞれ独立したものではなく、互いに互いをみずからの中に含んだような存在と考えられていることだ。現代のわれわれの視点から言えば、ここの十界とは、基本的には人間精神のさまざまなあり方を示していると考えるべきであろう。さまざまな心のありさまは、他の心のありさまと別に独立して存在するものではない。このように「十界」が互いに他を具しているあり方が、天台において「十界互具《ごぐ》」と呼ばれてきた。

3　実相論

「実相」にあたる語はない

「十如是《じゅうにょぜ》」とは、『法華経』第二章「方便品《ほうべんぼん》」(手段のたくみさ、あるいは、たくみな手段)に由来する。ここでブッダは弟子の舎利弗《しゃりほつ》(シャーリプトラ)に自分の悟りの内容を説明しようとするが、舎利弗には理解不可能ではないかと思い、説明することをためらう場面がある。このくだりは、天台教学にとって重要な「十如是」と「諸法実相」という表現が見られる箇所である。羅什《らじゅう》訳のその箇所は次のとおりである。

止　舎利弗　不須復説　所以者何　仏所成就　第一希有　難解之法　唯仏与仏　乃能究尽　諸法実相　所謂諸法　如是相《にょぜそう》　如是性《にょぜしょう》　如是体《にょぜたい》　如是力《にょぜりき》　如是作《にょぜさ》　如是因《にょぜいん》　如《にょ》是縁《ぜえん》　如是果《にょぜか》　如是報《にょぜほう》　如是本末究竟等《にょぜほんまつくきょうとう》

（止みなん。舎利弗よ。また説くべからず。所以《ゆえん》は何《いか》ん。仏の成就せる所は、第一の希有なる難解の法にして、唯、仏と仏のみ、すなわち能《よ》く諸法の実相を究め尽くせばなり、謂《い》う所は、諸法の是の如き相と、是の如き性と、是の如き体と、是の如き力と、是の如き作と、是の如き因と、是の如き縁と、是の如き果と、是の如き報と、是の如き本末究竟等となり――坂本幸男・岩本裕訳注『法華経』上、岩波文庫、一九六二年、六八頁）。

ここには「是の如き」（如是）が一〇回現われており、「十如是」と呼ばれてきた。このことばについての考察は便宜上後まわしにし、まず「諸法実相」という表現について考察しよう。

『法華経』のサンスクリット・テキストは、この羅什の訳文とかなり異なっている。まず

「仏と仏のみ能く諸法の実相を究め尽くす」は、サンスクリット・テキストでは「すべてのもの（ダルマ、現象）を如来たちのみが知っている」である。サンスクリット・テキストには「諸法」にあたる「すべてのもの」(sarva-dharmān)はあるが、「実相」にあたる語はない。実は「十如是」にあたる箇所でも、「如是」にあたる表現は五つあるのみである。また、「相」「性」「用」等の明確な概念がもちいられているわけでもない。

それらのもの《ダルマ》は何であり、どのようなものであり、何に似ており、どのような特質（ラクシャナ）を有し、どのような本性（スヴァバーヴァ）を有するものか。これらのものを如来のみが眼に知り直接に知っている。

このサンスクリット原文では、如来の知る「もの」（存在）が「どのようなものであり、どんな特質や本性を有しているか云々《うんぬん》」とは述べてはいるが、羅什訳のように一〇もの哲学的概念を並べたてているわけではない。したがって、サンスクリット原文に従うかぎり、『法華経』の編者たちがこの箇所で諸法の実相に関する詳しい考察をしようとしたとは思えない。そもそも天台教学においてもちいられているような意味での「実相」にあたるサンスクリットの概念はないように思われる。

サンスクリット原文にない句を追加

「すべてのものを如来のみが知っている」と『法華経』ははっきりと述べている。この「もの」（ダルマ）という語を、どのような意味にとるかで二種の意見がある。つまり、第一にはこの「ダルマ」をもの（現象世界）の意味にとる見方と、第二には「教え」の意味にとる見方である。ここでは文献学上のくわしい考察は省略するが、結論的には筆者は第一の意味にとりたいと思う。「ラクシャナ」（特質）とか「スヴァバーヴァ」（本性、自性）という語は、もの（存在、現象）を規定する際の語であって、教え・教理に対してはもちいられないと思われるからだ。

もっとも、かの箇所の「ダルマ」は、ブッダの知の対象としてのものであり、ブッダの教法《ダルマ》（教え）の光に照らされたものであることはいうまでもない。さらに、存するもの（ダルマ）の特質を知ることが教法の内容となることは、インド的コンテキストでは当然のことである。ただ、すでに述べたように、このサンスクリットの箇所で『法華経』の編者たちが、明白にいわゆる「諸法の実相」について述べようとしていたかは疑問である。おそらくは「如来たちはすべてのものについてはっきりと知っている」と述べたかったのであろう。

羅什がこの箇所をかなり重視したのであろうことは容易に推測できる。「すべてのもの」・を「諸法〔の〕実相」と訳し、「すべてのダルマ（もの）」を規定する語を倍に増やし、しかも「本末究竟等」というようなサンスクリットにない句をも追加しているからだ。

「本末究竟等」とは、「本（相）から末（報）までが究竟して等しい」すなわち「融和している」という意味に従来は理解されてきた。しかし、この箇所にあたるサンスクリットは、「如来はそれらのもの（ダルマ）を直接に身体で知っている」というのみであって、いくつかの「如是」――ものに関するいくつかの限定――の間の関係に言及しているのではない。

羅什訳『法華経』では、「諸法実相」という表現は、この二章「方便品」のほかに一章「序品」にももちいられている。この箇所では『法華経』の教主である釈迦が法を説いた後、涅槃に入る直前に、自分の説いた法を「諸法実相の義」と呼んでいる。

諸法実相義　已為汝等説　我今於中夜　當入於涅槃

（諸法実相の義は、已《すで》に汝等のために説けり。われ、今、中夜において、當《まさ》に涅槃に入るべし――坂本幸男・岩本裕訳注『法華経』上　五八頁）。

　ここでは『法華経』の内容が「諸法実相義」と言い換えられている。この箇所のサンスクリット・テキストの意味は「ダルマの本質《スヴァバーヴァ》・本性」である。「スヴァバーヴァ」という語は「水の本質は冷たさである」というようにもちいられる。ここでは「教えの本質を説いた」というのではなく、「もの・存在の本質を説いた」という意味にとるべきであろう。すでに述べたように、この「ダルマ」をものの意味にとったとしても、ブッダの教えがそのものに関する本質を明らかにしていることはいうまでもない。

天台実相論の日本的受容

羅什は一章序品の終わり頃に、「実相義」という表現を再度もちいる。

　今仏放光明　助発実相義

（今の仏が光明を放ちたもうも、実相の義を助発《じょはつ》せんがためなり――坂本幸男・岩本裕訳注『法華経』上　六四頁）

「実相の義」は、サンスクリットでは「ダルマの本質（スヴァバーヴァ）の印（ムドラー）である」。ここでも羅什は、「スヴァバーヴァ」（本質、本性、自性）を「実相」と訳している。「スヴァ」とは「みずからの」を意味し、「バーヴァ」とは「存在、存すること」を意味し、英語の being にあたる語である。したがって、「スヴァバーヴァ」には「相」（すがた）の意味はない。

羅什は本質を「実相」つまり真実のすがたと訳しているのである。「スヴァバーヴァ」という、本来はすがたとは無関係の概念を「実なる相」と訳したところに、羅什の仏教理解の一つの基本的な態度が見られる。

問題はまだ残っている。「印」（ムドラー）とは何かということだ。「ムドラー」とは、後世、密教では手の指で結ぶ手印のことをいう。また「マハームドラー」（大印）というように、実際に行法によって直証された教え・教えの結果のことをもいう。この箇所においても「ダルマの本質の直証」のことであろう。ここの「ダルマ」も、筆者は「ブッダの智慧によって見られたもの（ダルマ）」を指していると思う。

『法華経』一四章「安楽行品《あんらくぎょうほん》」には、「諸法の如実相を観ずる」という表現も見られる。羅什は『法華経』を訳する際に、「実相」という語を九回ももちいている（『法華経一字索引』東洋哲学研究所、一九七七年、一九〇頁）。「実相」に意味的に対応するサンスクリットは存しない。にもかかわらず、羅什は『法華経』の訳の中で「実相」という語を、しかも重要な箇所でもちいている。ここには羅什の意図的なものを見てとることができよう。

二章のかの箇所においては、「スヴァバーヴァ」（本質）という語もなく、単に「すべてのもの」とあるのを羅什は「諸法〔の〕実相」と訳している。これは羅什にとっては、「もの」と「すがた」とが非常に近いものであったことを意味している。「すがた」は、インド的コンテキストでいうならば属性であり、基体の上に存するもの――ダルマ・ダルミン（法・有法）という場合のダルマ（法）――である。「もの」（基体）と「すがた」（基体の上の属性）とが近いとは、インド型唯名論に近い立場であることになる。

「諸法実相」という表現は、『法華経』一章および二章では「諸法の実相」（ものの本質）という意味でもちいられていたが、後世に「諸法実相」という表現が独り歩きし、「諸法は実相なり」というようにもちいられるようになった。

この「諸法は実相であるという考え方」が「実相論」と呼ばれるようになった。天台宗の思想が実相論と呼ばれてきたことはすでに述べたが、実相論あるいは諸法実相の考え方は天台宗の枠を超えて、日本仏教におけるもっともよく知られた考え方の一つとなった。

中国仏教徒が現象世界を、空なるものであってもともかくも真実の相を見せているものだ、と考えたように、日本仏教徒もまた、現象世界が空なるものであるというよりは実なるすがたを示していると考えた。

個々の現象の差異を切り捨てた後に、現象の奥に潜むものが本質だというのではなくて、われわれが日常に見るそれぞれのものがそのままで世界の真如を示している、あるいは真如そのものである、というのが日本人の世界観の一典型であろう。このような考え方は、天台実相論の日本的受容の一形態といえよう。

ようするに、「諸法実相」という『法華経』の表現は、やがて「もろもろのものはそのまま真実のすがたを示している」という思想へと発展したのである。

4　十如是

「是の如き」が一〇回

前に引用した『法華経』二章の節には、「諸法（もろもろのもの）の是の如き相と、是の如き性云々」というように「是の如き」（如是）が一〇回あった。この一〇回の「如是」を「十如是」と呼ぶことはすでに述べた。この「如是」は天台宗では「ありのままの」という意味に解釈されてきた。サンスクリットでは「如是」にあたるものは五つしかないのに対して、羅什訳では次のような一〇となっている。

一　如是相——ありのまま（如是の）眼（視覚）によって識別できるすがた・かた

ち

二　如是性――ありのままの問題となっている対象に含まれる性質、特性

三　如是体――ありのままのすがた・かたち（相）と性質（性）を含むもの（実体）

四　如是力――ありのままの問題となっている対象（実体）に存する勢力

五　如是作――ありのままの実体に存する力が働いて外に現われた作用

六　如是因――ありのままの条件（縁）とともに結果（果）を生む主要原因

七　如是縁――ありのままの因（主要原因）とともに結果を生む補助的原因として

の条件

八　如是果――ありのままの「因」と「縁」とによってもたらされる結果（果）

九　如是報――ありのままの「果」として受ける苦楽等の果報（報）

一〇　如是本末究竟等――「本」（相）から「末」（報）までが完全に（究竟）平等

（等）であること

「十如是」は、一～三（相、性、体）、四～五（力、作）、六～九（因、縁、果、報）および一〇（等）の四グループにまとめることができよう。第一のグループは、相・体などの本書第二章で説明した中国的カテゴリーである。既述のように、サンスクリット・テキスト

にこれらの三概念があるわけではない。羅什がこれらの哲学的概念を選んだ理由は定かではないが、相・性・体という中国的思惟《しゆい》の基礎概念と、因果関係に関する基礎的概念との二つのグループを含めようとしたことは推測できる。

「本末究竟等」とは、「本（相）から末（報）までが完全に（究竟）等しい」すなわち「融和している」という意味に天台宗では伝統的に解釈されてきた。しかし、この箇所にあたるサンスクリット・テキストは「これらのもの（ダルマ）を如来のみが眼前に知り直接に知っている」というのみである。羅什は「本末究竟等」という句を付け加えることで相、性、体等の関係に言及しているのである。

「相」と「性」が「等」（平等）であるとは理解に難くない。すがた・かたちも性質の一種と考え得るからだ。「相・性」と「体」とが平等であるとは、性質とその基体（実体）との無区別を主張することであり、ここにおいてもインド型唯名論の考え方が受け継がれているのを見ることができる。

この「十如是」は『法華経』を訳するにあたって羅什が付け加えたものであるが、そのように解釈される素地が『法華経』にあったことは否定できない。ともあれこの箇所は、天台の教学にとって決定的に重要な典拠となった。

智顗は『法華文句』方便品において「法は無量といえども数は一〇を出でず、一一《いちいち》の界中に復多派なりといえども十如を出でず」(『大正蔵』第三四巻、四三頁a)と述べている。つまり、智顗は、「十界」および「十如是」がすべての「法」すなわち界とそのあり方(派)を含むと考えていた。

最澄も智顗に従って「十如是」を理解する。最澄の晩年における論争相手であった徳一は、「如是本末究竟等」の「等」を「など」の意味にとって、天台宗が「平等」の意味にとるのを批判した。最澄は世親の『法華論』を引きながら、「平等」の意味にとるのが正しいと主張している(田村晃祐編『最澄辞典』、一二一頁)。

5　十如是と三諦

なぜ「三千」となるか

「如是」が「ありのまま」と天台宗で解釈されてきたことはすでに述べた。智顗自身『法華文句』の中で「如是相」を解釈しながら、「如是相とは一切衆生に皆実相有り。本より自ら之有り。すなわち是れ如来蔵の相貌なり」(『大正蔵』第三四巻、四三頁b)と述べている。ここでの相は、単なるすがた・かたちではなく、本来それ自体で存するものであり、真如である如来蔵の相と考えられている。

「如是」という表現にこれほど積極的な意味を見出《みいだ》した智顗は、「如是相、如是性云々」という十如是のくだりを三種類に読みかえた。これは「三転読《さんてんどく》」として知られているが、その三種の読み方は、三諦（空・仮・中）それぞれに対応させられている。智顗は彼の法華哲学の体系書『法華玄義』巻二の上（『大正蔵』第三三巻、六九三頁b）に次のようにいう。

意味（義）に従って文を読むならば、三転がある。一に云く、「是の相は如なり」、「是の性は如なり」ないし「是の報は如なり」と。二に云く、「是くの如きの相」、「是くの如き性」ないし「是くの如き報」と。三に云く、「相は是くの如し（如是なり）」、「性は是くの如し（如是なり）」ないし「報は是くの如し（如是なり）」と。

つまり智顗は、『法華経』二章の漢訳文を第一には「是相如、是性如」云々と読み、第二に「如是相、如是性」云々と読み、第三に「相如是、性如是」云々と読んだのである。「十如是」に関するわれわれのこれまでの考察では、第二の読み方をとり上げてきた。漢文の読み方からしてこの第二の読み方がもっとも妥当なものと考えられてきたからだ。右のように三種に読むことが、中国語の読みとして可能なのか否か筆者にはわからないが、ともあれ智顗はそのような破格を演じた。

相、性、体等々のものが一つの「如」に収斂《しゅうれん》される第一の読み方は、三諦のうちの「空」に相応する、と彼はいう。「相は空であり、性は空であり、体は空であり云々」というように、空はすべてのものにおける実体の存在を否定しようとする。第一の読み方において、相、性、体等が収斂するものである「如」は「空」のことである。

相、性、体等のさまざまなもの（法）が現われてくるという第二の読みは、第二の真理（諦）である仮諦を意味する。この節の初めに述べたように、「如是相」等は単なる「是くのごとき相」ではなくて真実の相等を意味した。インド初期中観派における仮（仮説）は、実在するものではなく、言葉によって仮にその存在が説かれるものであった。天台における「仮」は、先に述べたように「俗なるもの」であるとともに真実のもの（真如）と考えられるようになった。

第三の読みでは、相、性、体等と如是つまり真如との二つが一体であると主張される。この読みは、仮としての相、性、体等と、空としての如是との二つをあわせもったあり方（諦）としての「中」を指し示している。このような三諦の考え方、とくに中の解釈は、龍樹およびインド中観派の考え方と大きく異なっていることはすでに繰り返し述べた。

十界は人間がおもむく可能性のある世界を意味し、十如是はその十界における存在様式を示すものであった。その十如是は、空・仮・中というものの三つのあり方（三諦）をも備えているが、十界のそれぞれに如是が備わっているので百如是となり、十界のそれぞれが他の界を含むので千如是となる。そして、「三種世間《さんしゅせけん》」（五陰《ごおん》世間、国土《こくど》世間、衆生《しゅじょう》世間）それぞれに千如是が備わるので「三千」となる、というのが天台教学における世界観である。

6　三種世間

一念三千の哲学の斬新さ

「世間」と訳されてきたサンスクリットの単語「ローカ」は、元来、人々を意味した。今日、現代日本語として「世間」は、やはり社会なりコミュニティーなりの人々をいう。しかし、仏教の典籍では「世界」の意味にもしばしばもちいられてきた。ここにいう「世間」も今日の「世界」の意味に近い。

第一の世間は、五陰世間である。「五陰《ごおん》」とは五蘊《ごうん》（物質、感受、原初的観念、意欲等、認識）と同じであり、初期仏教以来、「世界」の構成要素と考えられてきた。もっとも五陰が構成する「世界」は、宇宙ではなく、一個体の身心を中心とする周囲世界であった。

天台の教学においては、五陰は山川草木などの自然をも含んだ、世界の基礎的構成要素と考えられた。この五陰が、第二の国土世間と第三の衆生世間の構成要素とされて、第一の五陰世間が「体」、第二・第三の世間が「用」と呼ばれた。

国土世間は、生類がその上で生きている依止《えじ》（基体）あるいは場としての世界を指し、山川などの自然をも含む。衆生世間は、国土世間の上に住む一切生類である。「衆生」（サットヴァ）は、元来、人間のみを指した。仏教では人間の成仏のみが問題であって、「衆生」という場合も成仏の可能性のある人間のみを意味した。しかし、中国、とくに日本では、「衆生」の意味範囲を拡大し、天台の伝統的教説では「衆生」は生類を意味する。最澄も空海も、この伝統に立って草や木も成仏すると主張した。はじめに述べたように、二人が確立した日本型仏教の大きな特徴がここにある。この場合の「成仏」とは、インド的コンテキストからは離れたものであった（小林信彦「日本人の仏典理解に見られる自然観」平成七年度関西大学哲学会春季大会公開講演）。

ともあれ、十界それぞれに十如是があり、十界それぞれが他の界を含み、それらが三世間にあるので「三千」となる、という天台の世界観にあって、これらの三千世界は、人間の妄心（迷いの心）の一瞬一瞬に存するのである。それらは時間的に前後して継続的に存するのではないゆえに「不縦《ふじゅう》」といわれ、空間的に並んだものでないゆえに「不横《ふおう》」といわれる。

以上、天台実相論の世界観としての「一念三千」の枠組みを説明してきた。ここで説明した天台の教説は、智顗によって築かれ湛然によって整備・確立され、さらに最澄に伝えられたものが、日本で定着した一般的伝統に従ったものである。日本の天台宗が受けとった教判である「五時八教」の内容は、智顗の著作の中にあったとしても、この表現そのものは見られないという。また「一念三千」の考え方は、智顗が『摩訶止観』に説いているが、これを三諦円融などの思想と並べて精緻な教学にしたのは湛然の功績であるなど、智顗以降の天台の教学の展開・発達の歴史がある（平川彰『八宗綱要』下 大蔵出版、一九八一年、五八九頁）。

われわれはこれまで最澄、そして日本の天台宗の僧たちが、当然学んだと思われる天台の教学のあらましを見てきた。日本人は巨大な理論体系を構築することが不得意である。日本仏教の歴史の中で、智顗や湛然の教学と同じようなものが生まれたわけではなかった。それだからなおさら、天台や華厳の仏教教理学の枠組みは、中国人のそれに頼らざるを得なかった。

日本人が天台の教学全体をとらえなおして、わがものとしてから新たに日本の「一念三千」思想を作り直したという歴史はない。最澄をはじめとして日本の天台宗の思想家にとって重要なことは、天台教学の構造・方法よりも、「諸法が実相である」という結論であったように思われる。このようにして、すべての人間が成仏でき、すべての生類に仏性があり、すべてのもの（法）が実相を示している、とする日本型実相論が誕生した。とはいえ、最澄をはじめとする初期の思想家たちは、その結論を印象的に、よくできた写真のようにイメージ豊かに伝えようと、一念三千の哲学を語った。今日のわれわれは、そのような日本型実相論が求めた理すら求めることなく、そのぬけがらのみを受け継いでいるように思われてならない。

第六章　最澄と天台の世界観

1　天台と奈良仏教の対決

会津の徳一

前章において、最澄が己が立場とした天台教学の「一念三千の哲学」のあらましを見た。この第三章第四節で述べたように、最澄は晩年、法相宗の僧徳一との論争をおこなった。この論争が、最澄と徳一との思想上の違いを示すのは無論のことであるが、最澄がどのように天台教学を受け入れたのか、その様相をも示している。

最澄が奥州会津に住む徳一と、八一七年（弘仁八）頃から八二一年（弘仁一二）頃にかけておこなった論争は、新しく力を得てきた天台教学と、奈良仏教以来の伝統的な仏教との対決であった。この論争は形式的には最澄の方に軍配があがったかに見える。が、それは最澄の思想の勝利というよりは、天台の思弁に、法相宗を初めとする奈良の伝統的な仏教教学がおしきられた、というべきであろう。当時の日本の仏教界が、インド的な論理と構造を重んじる思想体系よりも、あらゆる対立、区別を一つの「聖なる」場——例えば、「一念」とか「空性」——の中へと溶かし入れてしまうような考え方を好んだからだと思われる。

最澄と徳一の論争は、内容的には日本仏教の中での問題であるにとどまらず、中国仏教の問題でもあった。実際、徳一はしばしば最澄を論争相手としながら、中国の天台大師智《ち》顗《ぎ》の説を引用して批判した。最澄の思想の根拠が中国の天台大師の思想にあったからであるが、一方の徳一自身に確固たる思想体系があったわけでもない。彼は、法相宗つまりインドの七世紀頃までの唯識学派の論典にもとづいて、あるいは玄奘《げんじょう》やその弟子基《き》の理解にもとづいて発言していた。

これまでにくり返し述べたように、仏教はおおむねインド型唯名論に属する。中国および日本の仏教も、当然ながら唯名論の枠の中に収まる。しかし、中国の仏教、とくに天台と華厳の教学は、インド仏教の諸派には見つけることはできない。ヒンドゥー哲学におけるブラフマンの存在論的基盤を弱くしたような型の唯名論といういい方が、天台の「一念」に近いかもしれない。仏教である天台や華厳の教学には、ブラフマンのような絶対者としての実在は認められていないが、「空性」あるいは「無」の実体化がおこなわれている。中国・日本の仏教においては、その内部においてインド型唯名論の立場とインド型実在論の立場との違いが異なる次元に移された状態で、諸問題が討議されてきた。インドにおいては、仏教はヒンドゥーの唯名論および実在論を相手に戦わねばならなかったが、中国においてはインド仏教にとってのヒンドゥー唯名論と実在論にあたる抗争相手を持たなかった。

中国仏教は、老荘思想あるいは道教、神仙思想、陰陽道などと関係しあいながら、中国社会に浸透していったのだが、老荘思想、神仙思想などは哲学的には唯名論的であった。中国本来唯名論的で、古来の中国思想と共通する傾向をもつ仏教は、中国において容易に社会に浸透することができた。中国仏教はヒンドゥー的な唯名論や実在論と戦う必要もなかった。いきおい、中国仏教の諸派の差別が増幅されて、その内部でヒンドゥー的唯名論とインド仏教的唯名論との論争がおこなわれたのだということができる。

インドにおけるヒンドゥー的唯名論的立場は、中国では天台、華厳、および密教によって代表され、インド仏教的唯名論的立場は、三論宗や法相宗によって代表された。中国仏教の中で、天台・華厳等のグループと三論・法相等のグループが争った。最澄と徳一の論争は、以上のような中国仏教内における二つの型の仏教間の論争を受けついでいるということができよう。

2　天台の修道論——止と観

ヨーガの行法における止と観

最澄と徳一の論争に関する最澄側の資料として、彼の著書の『守護国界章《しゅごこっかいしょう》』（上中下三巻）や『照権実鏡《しょうごんじっきょう》』（一巻）などが残されていることは第三章で述べた。『守護国界章』の巻上から、ヨーガの行法における「止」と「観」をめぐる最澄と徳一の論争の一端を見てみよう。「止」と「観」は、「寂止《じゃくし》」（シャマタ）と「余観《よかん》」（ヴィパシュヤナー）とも呼ばれるが、ヨーガあるいは精神集中（サマーディ）のプロセスにおける二段階である。一般には、止に観が続くと考えられており、この二つをまとめて「止観」と呼んできた。「シャマタ」（止）と「ヴィパシュヤナー」（観）という一組の呼び方は、仏教以外の文献には見られない。しかし、ヨーガの行法は仏教、ジャイナ教、ヒンドゥー教において共通した点が多く、ほぼ止と観にあたる段階はジャイナ教やヒンドゥー教のヨーガのプロセスにも見出《みいだ》される。

「ヨーガ」という名称は仏教になじまず、仏教では「三昧《さんまい》」（サマーディ）という語がふさわしいと考える人々がいる。しかし仏教においても、ジャイナ教やヒンドゥー教においてと同様に、「ヨーガ」という語がもちいられてきた。「ヨーガ行派」（ヨーガ・アーチャーラ）とは、インド大乗仏教の一つの学派である唯識派のことであり、中国・日本では法相宗を意味する。「ヨーガ」が「瑜伽《ゆが》」となじみのない漢字で音写されてもちいられてきたことも、「ヨーガ」という語が日本においてよく理解されなかったことの一原因でもあろう。「三昧」（サマーディ）という語は、精神集中や瞑想《めいそう》の意味でもちいられている。これは一般的な精神集中という意味でももちいられるのではあるが、ヨーガの最終的段階を指す場合もある。後者の場合には、止に続く段階としての観――あるいはその内の一プロセス――を意味する。

ヨーガは、仏教のものであれそれ以外の派のものであれ、基本的には次の四つのプロセスを経る。

（一）呼吸を調えること
（二）対象から心を引き離すこと
（三）選んだ対象に心を固定させること
（四）その対象に対する洞見

この（三）が止にあたり、（四）が観にあたる。したがって、止が前段階であり、観がそれに続く段階であるということができる。しかし、現在、スリランカ、タイ、ミャンマー等に見られる上座《じょうざ》仏教などには、先に述べたようなシステムとは異なった精神集中のシステムがあり、「止」(パーリ語でサマタ)の方が「観」(パーリ語でヴィパッサナー)よりもいっそう進んだ段階を指すような場合がある。また今日のミャンマーの上座仏教では、止の方に力点を置く派と、観に力点を置く派とが抗争を続けている。

止観の絶対と相対

徳一が引用する天台大師智顗にあっては、止が前段階、観がそれに続くものであるというように、一応伝統的な説を踏まえてはいるが、止と観の二つを区別するのは未完成の説であり、究極の説ではこの両者は無区別であるという。徳一が批判するのはこの「無区別」である。また、天台教学にあっては、観はヨーガあるいは精神集中の過程のみではなく、ヨーガの結果としての智慧《ちえ》をも意味している。仏教の基本的な修行プロセスとして、古来、戒《かい》、定《じょう》(ヨーガ、瞑想)、慧《え》(智慧)の三学《さんがく》(三つの学ぶべきもの)が考えられてきた。止と観は一般には定の中の二つのプロセスであるが、天台教学にあっては観は慧の領域にもいたっていると考えられている。

『守護国界章』(巻上第一〇)には、最澄と徳一の止観に関する論争が記録されている。

ここでは、徳一が天台大師智顗の『摩訶止観』などに見られる説を批判するのを紹介した後、それに対して最澄が答えるという形式がとられている。

徳一は、智顗が止および観を個人の精神生理学的な様相とはとらえずに、個人の経験を超えた根源的なものと考えていることを批判する。徳一は次のような智顗の説を引用する。

辺主〔智顗〕が止観の名を釈して云く、「法性の寂然なるを止と名づけ、寂常に照らすを観と名づく。初後を言ふと雖《いえど》も二なく別なし。これを円頓《えんどん》止観と名づく。漸と不定とは置きて論ぜず」と。

「辺主」とは、徳一が天台大師智顗をけなした呼び方であり、『摩訶止観』（巻一上、『大正蔵』第四六巻、一頁c）に見られるこの智顗の説に対する徳一の批判の中心は次のようなものである。止観とは元来は「心に約す」もの、すなわち修行者の精神・生理学的側面を指すもの、であるべきなのに、智顗は「法性の寂然なる」を止と呼び、法性の「寂にして常に照らす」を観と呼んでいる。これは「境《きょう》に約す」、すなわち、個々の修行者の心の客観的対象（境）として観を把握する仕方であり、誤りである、と徳一は主張する。法相宗の僧徳一は、典拠として四世紀頃のインドにおける仏教ヨーガの集成である「瑜伽論《ゆがろん》」

（『瑜伽師地論』、『大正蔵』第三〇巻、三三八頁c、四四八頁b）から取意引用していう。

『瑜伽論』に云《いわ》く、「止は静慮《じょうりょ》・等持《とうじ》・等至《とうし》・心一境性《しんいつきょうしょう》」に名づく。（中略）「観は思択・智慧・通達《つうだつ》・観照《かんしょう》と名づく」。かくの如きの諸名、また心に約するの名にして、境に約するの名に非ず。

中国の法相宗の祖玄奘が訪れた頃までのインド大乗仏教においては、徳一のいう通りであろう。元来、「止」と「観」は、修行の最終目的である慧を得るための手段としての定の中のプロセスであり、究極的存在としての法性とは切り離されて考えられるべきものである。

しかし、そのことを智顗が知らなかったわけではない。智顗は、止観を絶対的なものと相対的なものに分けており、先の引用文における「円頓止観」とは絶対の止観を指し、「置きて論ぜず」といわれた「漸と不定」の止観は相対的なものであった。相対的な止観にあっては、徳一が『瑜伽論』から引用したような、「心に約した」瞑想のプロセスが問題となっている。智顗は当然そのことを知っていたと思われる。

天台はインド聖典と違う

徳一が問題としたのは、単に「止観」という語の意味ではなかった。彼は、天台宗を初めとして華厳宗、さらには『中論』などを基本的論典としているはずの三論宗までもが、インド大乗仏教から遠く離れてしまっていることをついたのであった。後期インド密教あるいはチベット仏教はしばらく措《お》くとして、七、八世紀までのインド大乗仏教の文献をいかにさがそうとも、天台や華厳の教学をそのままにサポートする箇所はない。「止」や「観」をはじめとして重要な概念のほとんどが、天台や華厳の教学では中国独自の発展を遂げたものなのである。

したがって、徳一が、「聖教に違するの失」、つまりインドの聖典と相違しているという過失を天台の思想の中に見出そうとしたのは、そのかぎりでは徳一に分があるようにも思われる。もちろん、徳一は天台の教学の中に「聖教に違するの失」のみを探していたわけではない。彼はインド以来の法相・唯識の伝統を踏まえながら、中国的に変化・発展した仏教に疑問を投げかけたのである。

このような徳一の疑問に答えるには、天台の教学をサポートするインドの文献を示すことはできないのであるから、天台や華厳の教学の持つシステムそのものの力で反論をねじふせる以外にはない。新しい思想が生まれたときに、いつも古い伝統をねじふせてきたようにである。もし徳一が天台とあくまで戦うつもりであったならば、彼は法相・唯識の伝統的解釈を踏まえ、彼自身の「新しい法相・唯識の教学」を構築することによって「新しい中国仏教」に対抗すべきであった。

徳一の批判を間接的に、つまり智顗を批判するというかたちで受けた最澄の返答は、歯切れが悪い。

見《げん》に伝訳せる経律論等、一千七十六部、五千四十八巻、四百八十帙《ちつ》なり。仏の名、法の名、翻訳各異なり。汝ただ止観の八名を知るを得て、未だ余名を了せず。

つまり、最澄は、徳一がわずかな典籍を根拠にして智顗の学説を批判しているにすぎず、勉学が狭い、といっているのである。徳一の論点がまともなものであり、インド仏教と天台・華厳などの中国仏教のもっとも大きな相違点をついている、と最澄が気づいていたとしても、「インド仏教とは異なるのだ」というわけにはいかなかった。インド仏教が権威であったからだ。

止や観を「境に約し」つまり存在論的に考えることは、チベット仏教の一部にはあったとしてもインド仏教にはなかった、少なくともよく知られていなかった。世界は心そのものである、あるいは心より作られている、といった唯心論的な考え方はあったが、ヨーガあるいは精神集中でいたる境地が、実践者の精神生理学的状態を超えた実体である、という考え方は少なくともインド仏教の顕教にはない。後期の仏教密教には存するが、ヒンドゥー教にはより明らかに見られる考え方だ。このような意味では、華厳や天台は、ヒンドゥー教的でさえあるといえよう。

龍樹と同じ論法

最澄は続いて『守護国界章』の巻上、第一一において、徳一による絶待止《ぜつだいし》観《かん》批判に反論を加えている。「絶待止観」とは巻上第一〇における「円頓止観」を指す。智顗は止観を相待的なものと絶待的なものとの二種に分けるのであるが、絶待的な止観と呼ばれる存在論的な真理・原理としての止観に対して、徳一が批判を加えるのである。

まず徳一は、智顗の絶待止観に関する説を『摩訶止観』（『大正蔵』第四六巻、二二頁a）から引用する。その箇所で智顗は、絶待止観は、もろもろの思惟《しゆい》、煩悩、業などを超絶しており、止も観もこれとして示すことのできるようなものは存在しないという。さらに智顗は、止を四句分別（止、不止、止不止、非止非不止）の観点からしても説くことができないという。

このような智顗の見解を紹介したうえで、智顗の考えるような絶待止観はそもそも存在しない、と徳一はいう。もしも絶待止観が存するならば、それは理と事の四句分別によって考察できるはずだと徳一は考える。つまり、絶待止観は理（A）であるか、事（B）であるか、理であり事である（AかつB）か、理でもなく事でもない（非Aかつ非B）かのいずれかであるべきである。しかし、そのいずれでもない、と徳一はそれぞれのケースの理由を述べながらいう。その四つのケースのいずれでもないということは、そもそも絶待止観なるものが存在しないからである、と徳一は主張するつもりであった。

智顗は、絶待止観を四句分別の観点から考察した場合、その四つのケース（格）のいずれによっても表現できないゆえに、絶待止観は言葉を超えて存在する、と主張した。それを逆手にとって、徳一は絶待止観は理と事の四句分別のいずれのケースによっても表現できないゆえに、絶待止観なるものはそもそも存しないという。徳一の論法は、インド中観派の祖龍樹が主著『中論』で示した方法であった。ちなみに、智顗の論法は六世紀頃のヒンドゥーの哲学者バルトリハリのそれに近い。「あるもの（x）は、Aでもなく非Aでもない。それゆえxは実在する」というのがバルトリハリの主著『ヴァーキヤ・パディーヤ』における論法である。

智顗に対する徳一の批判を紹介した後、最澄は反論する。最澄の徳一に対する反論の骨子は、徳一の考える「理」と「事」は別個のものであって、円融相即していない、ということであった。最澄のように考えるならば、もはや四句分別という論法そのものが無意味となる。少なくとも『中論』におけるような論理的意味はなくなってしまうのではあるが、ともあれ最澄は次のようにいう。

山家〔すなわち天台〕所立の理と事は、円融し相即す。何となれば、法性の事なればなり。故に言説の道にあらず、心識の境にあらず。(中略) 法性の事、法性の理は、理事円融す。故に四句をもって思ふべからず。

世界のすべてを一滴の水銀の中におしこめる

論議が複雑になり、紙面の関係もあって、ここに最澄の四句分別を用いた論議の全文を引用することはしないでおこう。ただ、この箇所における最澄の四句分別の論議は明快なものではない、ということは言っておきたい。そもそも絶待止観なるものを認めていない者(徳一)に向かって、しかも円融する理・事という徳一の立つ論理次元とはまったく異なった次元に立って論議を進めようという最澄側に無理があったといえるであろう。「理」と「事」とがそれぞれ一定不変の論議領域を保持するからこそ、「理」と「事」の四句分別は意味を有するのである。「理」と「事」が円融することによって、互いの論議領域が融和・混同してしまったならば、もはや四句分別などは意味がなくなる。この種の「円融」論法は、この箇所のみではなく、最澄の著作全体においてしばしば見られる。

さらに注目すべきことは、最澄が「法性《ほっしょう》」（法の本質）という語によって「理」や「事」を限定していることである。円融相即せる理や事は、法性の理や事である、というのが最澄の考え方であったと思われる。最澄にとって法性とは存在するものである。四句分別のいずれのケース（格）によっても表現できないゆえに、かの絶待止観は存在するのである。

理と事が円融相即し、しかもその円融相即した当体は法性である。言葉や思惟を超えた絶待止観は、当然ながら言葉によって表現できる相待止観と円融相即の関係にある。ということは、法性の理と事は、われわれが言葉で表現する理と事でもあることになる。天台あるいは最澄の考え方をおし進めていくと、このようになる。しかし、この考え方が行き着く先は、すべてが「円融」するゆえに、世界のすべてを一滴の水銀の中におしこめてしまったような状態となろう。その一滴あるいは一念の中に三千世界が収まると天台はいう。

以上をようするに、事（あるいは理）が言葉によっては表現できないので、その事（あるいは理）は存在しない（空である）と徳一はいい、同じ理由でその事（あるいは理）は存在すると最澄はいうのである。もっとも最澄は「すべてのものは常に存在する」と、アビダルマ仏教と同じことをいうわけではない。彼の論法は複雑で巧妙である。つまり、最澄は自分が「存在する」というときには、「存在しない」(空である)という側面を内に含んだ「存在する」であって、単なる「存在する」ではない、というのである。このような考え方が単なる表現上の決着なのか、独自な「有と無との階梯《かいてい》」を語っているのかは今後、真摯《しんし》に問われねばならない。

3　天台法華宗

『法華経』への関心

一四〜一五歳の最澄が、近江国分寺で得度する際『法華経』を読んだことはすでに述べた。若い時から最澄は『法華経』に関心をよせていた。唐より帰った翌年(八〇六年)、四〇歳の時に開いた天台宗は「法華宗」あるいは「天台法華宗」とも呼ばれる。天台智顗が『法華経』に対する崇拝に生きたように、最澄も法華信仰に生きた。彼の宗派は、『倶舎論』などの論典に依拠したものではなく、経典に依拠した宗派の意味で「経宗」ともいわれる。

『法華経』は聖徳太子《しょうとくたいし》が重視した経典でもあった。聖徳太子と彼のグループが著した『法華経』註である『法華義疏《ほっけぎしょ》』は、かの方便品における「諸法実相」について、「諸法実相とは実智（究極的真理の智慧）により照らされるところの諸法実相の境（対象）なり」と述べている。このように、聖徳太子もすでに「諸法実相」の句を重視していたといえよう。最澄の時代には、智顗の師慧思《えし》が聖徳太子として生まれたといういい伝えがあった（田村晃祐編『最澄辞典』、一〇頁）。最澄自身、聖徳太子を生涯にわたって尊崇したことはよく知られている。

『法華経』では、(一) 声聞乗、縁覚乗、菩薩乗という三乗は本来、別個のものではなく、すべて同一の目的（成仏）へと導く道すなわち一乗であるということ、および (二) 如来の寿命は久遠であることの二点が強調されている。しかし、この二点の内容は茫洋《ぼうよう》としている。『般若経』には「すべてのものは空である」というスローガンがあり、『阿弥陀経』などの浄土経典には浄土往生というはっきりとしたテーマがある。『法華経』には、そのような固有な思想的テーマはないように思える。

『法華経』の特色は、仏教が基本的に持っている現世否定的な態度が見られない点にある。般若経典類の空思想は、現象世界が空なるものであることを教えており、現実世界に対する執着を抑止させようとするものであった。浄土経典もこの世界を遠離して、阿弥陀仏の住む浄土に生まれることを説いていた。それらの経典とは対照的に、『法華経』は現実世界における人間の行為に肯定的価値を与えている。もともと出家主義的立場が重視される仏教にあって、在家主義と直接結びつくような世界観が『法華経』にはある。「諸法は実相なり」といった考え方は、「諸法は空であり、執着すべきものではない」という考え方と対照的であることは明らかだ。『法華経』のサンスクリット・テキストそのものの中に「諸法実相」という明確な思想はなかったであろうが、この経典が、現象世界そのものに対して肯定的な価値を認めていることは確かである。最澄は、このような『法華経』が日本の仏教にとっては適している、と考えたと思われる。日本人には、龍樹が『中論』で示したような空——どこまでも否定作業が続き、「空」という実体を認めない立場——は受け入れられないものであったろう。中国や日本の仏教徒のほとんどにとっては、現象世界は実体を欠く空なるものではなく、ともかく存するものでなくてはならなかったのである。

インドにはない草木成仏というテーゼ

最澄は『法華秀句』中巻（中巻は元来は別の著作であったと推定されている）の中で、『仏性論』「小乗の執を破る章」（破小乗執品）の「凡聖の衆生は皆、空に従ひて成るが故に空は是れ仏性なり」という節を引用した後で、それにもとづいて「草木また空に従ひて成す。

まさに是れ衆生なるべし」という（『伝教大師全集』、新版三巻　一八三頁）。『涅槃経』の「一切衆生は、悉《ことごと》く仏性を有す」（一切衆生　悉有仏性）という句は最澄の拠り所であった。彼は著作の中で幾度もこの句をくり返している。すでに述べたようにインド仏教では「衆生」とは人間を指していた。しかし、先に引用した箇所で明らかなように、最澄は草木を衆生と呼び、しかも草木が空という原理によって成仏すると明言している。

草木が成仏するというときの「成仏」の意味は、具足戒を守る僧が仏となるというときの「成仏」とは意味が異なっている。草木を煩悩《ぼんのう》と業《ごう》を滅しようとする修行者にたとえているわけでもない。「草木が成仏する」とは、十界互具、十如是のありようを成就しているものと最澄は解釈したと思われる。とすると、人間も動物も餓鬼も当然「空という原理によって」成仏することになる。空によって成仏した草木や動物は、空という「聖なるもの」によって力を与えられた（聖化された）「俗なるもの」である。

草木成仏という考え方は、インド仏教にはない。中国にないわけではないが、それほどはっきりしない。最澄は、このテーゼを彼の思想の中心に据えている。インドや中国の典籍でそれほど明確でないものを、最澄はどのような根拠によって明言したのであろうか。おそらくその根拠は、日本古代からのアニミスティックな生命観（タマ崇拝）であったとわたしは思う。比叡の山の中に住みながら、最澄は、古代の神祇《じんぎ》信仰の神官や山岳信仰の修行者たちが感じたと同じ感覚や技法を習得したのだと思われる。彼自身、山林修行者であったことはくり返し述べた。また最澄は比叡山を開くにあたって大山咋神《おおやまくいのかみ》のほか日吉《ひえ》山《さん》王《のう》を祭ったと伝えられる。日吉山王への崇拝が、両部《りょうぶ》神道と並んで仏教系神道となった山《さん》王一実《のういちじつ》神道として発展した。

日本仏教史を決定した天台宗

最澄の開いた天台宗（天台法華宗）は、日本の仏教史の中で決定的な役割を果たしたが、天台宗の歴史において果たした神祇信仰あるいは神道、山岳信仰の役割の解明は現在ほとんどなされていない。

最澄の思想には、日本古来のタマ崇拝が基調として存在したと述べた。しかし、最澄はその古代的基調をみずからの教学の表面に出すことはしなかった。彼はあくまで仏教僧としてふるまったのである。

前節に引用した『法華秀句』の中の「空に従ひて」という表現からもわかるように、最澄は諸法実相の思想を掲げ、絶待止観は思惟を超えて実在すると主張しながらも、否定的原理である「空」を忘れなかった。そもそも天台智顗の教学そのものが、肯定的契機としての「仮」と、否定的契機としての「空」との統一としての「中」を中核としたものであった。もっとも最澄は、「空は仏性なり」という『仏性論』の考え方に賛成する者であり、最澄にとって「空」とはかなりな程度、実体視のプロセスが進んだものであった。それでもなお、最澄は天台宗の伝統に従いながら、肯定的原理（諸法実相、仮）と否定的原理（空）との統一をはかった。

徳一との論争点は多岐にわたっているので、本章では徳一と最澄との間で際立った相違点一つをとり上げた。それは、天台宗のみならず仏教一般によって重要な禅定《ぜんじょう》の究極的な境地（観）が、実践者個人の精神生理学的な様相であると考える徳一の立場と、そのような個人的様相を超えた実在であると考える最澄の立場との相違点であった。これは法相宗と天台宗の相違を代表する点でもあった。徳一との論争を通じて最澄はみずからの思索を深め、天台教学の受容を確かなものとすることができた。その一方、晩年の数年がこの論争に費やされ、最澄はみずからの思想をまとめる時間を持たなかった。

天台教学は、『法華経』解釈の教学である。智顗が講述した天台三大部の一部である『法華玄義』は、「妙法蓮華経」の五文字のそれぞれを柱にして展開した智顗自身の法華哲学である。『法華経』は、初期仏教経典の中では現世拒否的な態度が稀薄《きはく》な経典である。また他のものをもみずからの中に包みこもうとする包容力が、この経典からは感じられる。声聞・縁覚の小乗仏教と菩薩の大乗仏教が、本質的には異なるものではなく、声聞・縁覚・菩薩の三乗が一乗に帰すという『法華経』の考え方は、諸法が差別を含みながらも、「中」のあり方においてある実相であると主張する天台教学には好都合の経典であった。『法華経』一六章「如来寿量品」では、如来の寿命は久遠であるという。仏教は永遠の神的存在を否定してきたのであるが、『法華経』にいたって久遠の仏が誕生した。しかも、初期の大乗経典においてこのように主張されるようになったのは注目に値する。初期大乗経典の一つである『阿弥陀経《あみだきょう》』に登場する阿弥陀仏の寿命は、有限だといわれる。『法華経』が久遠の命の仏の存在を認めたことと、天台の止観との間に深いつながりがあると思われる。

「はじまりの人」最澄

以上、第三章「日本仏教の転換」からこれまで最澄の思想を中心に見てきた。ようするに、最澄は「はじまりの人」であった。弱冠一九歳にして一人で山に入り、ほとんど独学で天台教学を理解し、山に居ながら三一歳にして宮中の儀礼に参加する内供奉となった。彼は常に人の先を走り、しかも「はじめてのこと」を目指した。それは彼が新しがりやだということではなく、日本の歴史が大きく変わろうとしていた八世紀末から九世紀初頭にかけて、彼は日本仏教の基礎を置くべく、すべてのことを急いだのだというべきであろう。彼の唐におけるスケジュールも、まことに過密であった。帰国後、二ヵ月を経ずして彼は密教の儀式である灌頂《かんじょう》をさずけ、帰国した翌年には天台宗の公認許可を得ている。しかもその時は桓武天皇の病状は絶望的であった。だからこそ最澄は急いだのである。

空海が京に帰ってくるや、最澄は早速、空海に書籍を借りている。また最澄はみずからの密教の学習が不完全であるのをいさぎよく認め、空海に対して弟子の礼をとった。空海との友好状態がそこなわれた頃、あるいはそのすこし前から、最澄は運命的ライバルである法相宗の僧徳一との論争を始める。論争相手徳一の言い分をそっくり引用した後、最澄は徳一への批判を書いた。そのために、徳一の著作がほとんど残されていない今日でも、この日本仏教史における重大な論争の内容を知ることができる。最澄の几帳面《きちょうめん》な性格を示している。

この論争を続けながら、最澄は自分の仏教の最後の「仕上げ」にとりかかる。それは、比叡山における大乗戒壇建立の許可を得ることであった。これは帰国直後の天台宗認可のように簡単ではなかった。保守的な奈良仏教がこぞって反対したからだ。八二一年、最澄五五歳の時には彼はまだ徳一に反論を書きながら、新しい戒壇の設立のための運動をしていたのだが、翌八二二年六月、戒壇建立の許可を聞かずに死んでしまった。心残りであったにちがいない。ところが、その許可はわずか一週間後に出ている。空海、徳一、そして奈良仏教の重鎮たちを残して別の世界に去った後に、最澄はあの世から望みを実現したのである。

最澄の思想は、なるほど空海の思想ほどの体系を有しないかもしれない。しかし、五十数年の生涯の中で、彼は後の日本仏教が必要としたもののほとんどすべてを敷いたのだといえよう。

最澄の選んだ天台仏教思想の眼目は、「諸法実相」であった。これは『法華経』、特に羅什訳の『妙法蓮華経』の根底に流れている思想であった。少なくとも、智顗や最澄はそのように考えていた。「諸法実相」の思想は、眼前に展開される現象世界を、「俗なるもの」として否定するというよりはむしろ「聖なるもの」として肯定する。しかし、これは「色(物質)は空である」と主張する般若経典群の考え方に反する考え方である。というのは、「色は空である」という表現は、後世は「物質は空という肯定的な実体である」というように解釈されるようにもなったが、インド初期大乗仏教においては「物質は否定さるべき俗なものである」という意味であるからだ。

諸法あるいは色(物質)を肯定的なものと考える仕方は、中国や日本の文化的土壌に合っていた。智顗や最澄は、そのことを充分に感じとっていた。もっとも天台教学の偉大さは、その肯定的側面を、『中論』というインド大乗仏教の中でも否定的契機が強烈であることでよく知られた思想との統一によって示し得たことであった。

III

空海

世界の聖化

重要文化財「弘法大師像」（西新井大師總持寺蔵）

第七章　密教の導入者

1　密教の新しさ

密教仏教

空海（七七四―八三五）は真言宗を立て、高野山を創建し、密教を伝えた。最澄も第三章で述べたように、密教に多大な関心をいだいていた。帰国直後に高雄山寺でさずけた灌《かん》頂《じょう》に見られるように、日本に密教を最初に導入した者は最澄であったが、その最澄自身が空海から灌頂を受け、弟子としての礼をとったことに表われているように、わが国への密教の導入者としては、やはり空海の名を第一にあげるべきであろう。

ところで「密教」という名称によって何を指し示すかは、人によって異なる。ある研究者は仏教の密教に限定してこの名称をもちいるが、ある研究者はヒンドゥー教、ジャイナ教、仏教それぞれにおける密教を意味させている。

仏教の密教に限定して考察を進めるのか、あるいは視点をジャイナ教の密教、ヒンドゥー教の密教にまで拡げるのか、ということは密教の研究態度そのものに関わる問題だ。筆者は後者の態度をとりたい。ただ仏教密教のことが問題になっていることが明らかな文脈にあっては、「密教」という語を仏教密教の意味でもちいることにする。

南都六宗にとって天台や華厳は新しい仏教であったが、天台や華厳にとって密教（仏教密教）は新しい仏教であった。しかも、天台が従来の南都六宗より新しいという意味とは異なった意味において、密教は新しい宗教であった。というのは、仏教密教はそれまでの仏教とは異なった型の宗教であったからだ。

ブッダは仏教を開くにあたって、彼以前のブラーフマニズムが有していた集団的宗教行為としての祭式などを、一応は拒否した。あらゆる儀礼行為を禁じたというわけではないが、ヴェーダ祭式の祭官グループが定期的におこなっていた集団的儀礼行為などは、悟りの智慧《ちえ》を得るためには必要ないものであると考えた。

だが、時代が下がって、紀元六、七世紀以降、インドにおいて仏教密教が——二、三世紀遅れてヒンドゥー密教が——擡頭《たいとう》してくると、密教徒たちは、かつてブッダや初期の仏教徒たちが拒否、あるいは軽視した集団的儀礼を、宗教実践の方法の一部としてとり入れはじめた。このような意味で、仏教密教は仏教の歴史の中で「新しい」ものである。

仏教密教の中にとり入れられた儀礼的要素は、伝統的、土着的文化の外面的なとり入れにとどまらず、徐々により深いシンボリズムとして作用し、悟りの智慧の獲得に深く関わる要素となり、宗教行為そのものの構図をも変えていった。もっとも目立つ変化は、あらゆる宗教行為の二極となっている「聖なるもの」と「俗なるもの」との関係を変えたことであった。

聖なるものと俗なるもの

筆者は宗教の理解のために、「聖なるもの」と「俗なるもの」を一組の操作概念として導入してきた。宗教現象に見られる行為エネルギーの動態（ダイナミクス）が、この二つの概念によって、より明確に語られるからだ。この一組の概念をもちいて、宗教を「聖なるもの」と「俗なるもの」との区別を意識した、合目的的行為の形態である、と定義することができる。

密教に種々の形態があるが、その目的も種々である。例えば、仏教密教は、その初期（紀元三―五世紀）にあっては現世利益に比重が置かれたと思われるが、中期以降は悟りを得て仏となること（成仏）が主要な目的となった。空海や最澄の密教も、この中期のものであった。

もっとも、初期において成仏の目的が完全に無視されていたわけでなく、中期以降においても超自然的力（超能力）などの現世利益の獲得が目指されなくなったわけでもない。例えば、桓武天皇は自分の病気が最澄の法力(密教修行の証《あかし》としての力)によって治癒することを願ったであろうし、空海もその法力を頼まれて、雨乞《ご》いのために祈ったと伝えられている。ヒンドゥー密教も、その目的に関しては仏教密教と同じような経過をたどった。つまり、ヒンドゥー密教においても現世利益のみならず、精神的至福(ニヒシュレーヤサ)つまり解脱《げだつ》も目的とされたのである。

このように密教は、基本的には成仏あるいは解脱という、個人の精神的至福を目指しているということができる。密教が成仏や解脱を問題にしていることは、密教成立の歴史的経過からいって理解しにくいことではない。

すでに述べたように、密教はインドの宗教思想史の「後の方」に生まれており、すでに成熟していた仏教、ヒンドゥー教、ジャイナ教の「再生」を目指したものであった。その際、従来の実践方法には満足できなくなった者たちが、従来の伝統を引き継ぎつつ、また従来の宗教的目的を維持しつつも、新しい要素・方法を加えたものが密教なのである。

集団的宗教行為としての儀礼など、新しい要素を得た密教においては、宗教行為の目的(聖なるもの)と出発点(俗なるもの)の位置関係が、それまでの「俗なるもの」から「聖なるもの」への段階的歩みにおける位置関係と異なり、ダイナミックになる。新しい儀礼的要素の強力なシンボリズムが、「俗なるもの」から「聖なるもの」への歩みを支え、助け、短時間での、あるいは一瞬における悟りの獲得を可能にしたからである。この悟りはまた、悟ることのエネルギーによって世界を聖化する。

「聖なるもの」と「俗なるもの」の意味については、筆者はすでに多くの場所で述べてきた（例えば『西蔵仏教宗義研究　第一巻』東洋文庫、一九七四年、一―二頁、『曼荼羅の神々』ありな書房、一九八七年、一〇―一四頁、『ヨーガの哲学』講談社現代新書、一九八八年、六〇―六二頁、『女神たちのインド』せりか書房、一九九〇年、五八―五九頁、『はじめてのインド哲学』講談社現代新書、一九九二年、第六章、『中論の思想』法蔵館、一九九四年、二七―三四頁、『マンダラ瞑想法』角川書店、一九九七年、第一二章）。

密教の全体的構造

仏教思想の分析に際して、「聖なるもの」と「俗なるもの」という二概念をもちいることに対しては、批判も多い。「悟りと迷い」「仏と衆生」「真諦《しんたい》（最高真理）と俗諦《ぞくたい》（日常的真理）」というような対《つい》概念は、仏教自体の中で育てられてきたものであるが、「聖なるもの」と「俗なるもの」という対概念は、元来はキリスト教を中心とした西洋の宗教の分析にもちいられてきたものであり、仏教の分析に際してもちいる必要性あるいは妥当性があるだろうか、というのがその批判の骨子である。

その批判に対して、筆者は次のように答えている。すなわち、悟りという精神的至福を求める個人的実践のみが問題となる型の仏教を扱う場合であれば、その批判は正しいかもしれない。しかし、仏教密教のように、集団的宗教行為が宗教実践の一形態として組み込まれた型の仏教にあっては、「悟りと迷い」とか「仏と衆生」といった基礎概念では不充分だ。

例えば、仏教密教には元来ヴェーダ祭式の典型的な儀礼形態であるホーマが護摩《ごま》として組み込まれているが、護摩儀礼は、成仏を目指す個人的宗教行為としての側面を有する一方で、集団的宗教行為としての側面をも残している。そもそも密教は、個人的宗教行為と集団的宗教行為の統一的形態であるために、個人的宗教行為の分析に有効な概念である「悟りと迷い」とか「仏と衆生」等は、密教の全体的構造を解明するには不充分なのである。

ある人は、「日本にはハレとケという概念があり、これが東洋の宗教の構造記述には有効なのではないか」という。しかし、「ハレ」と「ケ」という概念は、例えば正月の行事とか婚礼の儀礼などといった集団的宗教行為あるいは年中行事を分析するには有効であっても、禅、念仏、マンダラ瞑想《めいそう》法といった、いわば個人的宗教行為の分析には適さない。

またある人は、ホーマ（護摩）、葬送儀礼、特定の神社の大祭といった集団的宗教行為

（儀礼）と、禅、念仏、観想法（成就法、眼前に仏などのすがたを見る行法）といった個人的宗教行為とは元来別種のものであり、一つのシステムあるいは原理の中でとらえることはできないし、その必要もない、と主張する。たしかに個人的宗教行為と集団的宗教行為は、とくに南アジアの宗教においては、一応別種のものとして扱うことができるかもしれない。例えば、ヴェーダ祭式におけるホーマを扱う際には、個人の精神的至福（悟り、解脱等）は問題とならない。チベットにおける土着宗教であるポン教（ボン教）は葬送儀礼を極めて重視するが、ポン教の葬送儀礼形態を分析するかぎりにおいては、そこにおいて成仏とか悟りとかは問題とならない。

仏教密教は、古代から続いてきたホーマ儀礼や、それぞれの地域における葬送儀礼などを、成仏を求める個人的宗教実践と統一させている。これは、密教がまったく異なる種類の行為を「儀礼のかたちとして」無理やり結びつけたということではなく、個人的宗教行為と集団的宗教行為とは本来、宗教行為として「結びつけることのできる」何ものかを共有していたからだと思われる。その「共有していた」ものとは、「聖なるもの」と「俗なるもの」との区別を意識することである。「聖なるもの」と「俗なるもの」との区別が、修行者を「聖なるもの」の顕現にむかって歩ませる。

ホーマや祭礼などの集団的行為を、個人における「聖なるもの」の顕現に関わるダイナミズム（動態）の中に組み入れた修行者たちが密教の伝統を伝えてきた、といえるだろう。仏教・ヒンドゥー教・ジャイナ教と直接関係のないインド・ネパールの土着的崇拝形態が「密教的」と呼ばれていることはあるが、その場合は「密教的要素」を有するのであって、全体的構造を「密教」と呼ぶことは適当ではない。

2　空海以前の密教

密教伝来

第一章で述べたように、インドにおいて仏教密教がかたちをとり始めるのは四、五世紀であった。密教的要素を有する経典が、それ以前の阿含経典（ニカーヤ）や部派仏教の典籍にまったく見られないわけではないが、一つの潮流として現われ始めるのは、初期大乗仏教の教理と実践体系が一応完成する時期でもある四、五世紀であり、擡頭期といえるのは次の六世紀である。中国仏教はその当初から、密教的あるいは呪術《じゅじゅつ》的要素の強いものであったこともすでに述べたが、日本には中国を通して空海以前にもかなりの密教経典が導入されていたし、それにもとづく密教の実修もおこなわれていた。

八世紀中葉の『優婆塞《うばそく》貢進解』によれば、当時の優婆塞（在家信者）が読んだ経の中には『最勝王経』、『薬師経』、『理趣経』など、密教の要素を多く含んだものが含まれており、また「千手観音《せんじゅかんのん》ダラニ（陀羅尼）」、「十一面観音呪《じゅ》」、「不空羂索呪《ふくうけんじゃくじゅ》」、「虚空蔵菩薩呪《こくうぞうぼさつじゅ》」などの呪（真言）が唱えられていた（堀池春峰「奈良時代仏教の密教的性格」『空海』吉川弘文館、一九八二年、二六頁）。このように、八世紀中葉にはすでに在家信者の間に密教信仰のあったことがわかる。『理趣経』は、僧侶《そうりょ》たちの間ではタブーとされてきた性を肯定的にとらえている経典であり、性を含む人間行為に関してはそれまでの経典にないまったく新しい観点を持っていた。

密教信仰は、在家信者に限られていたわけではない。実際には、僧や沙門《しゃもん》たちもさまざまな密教経典を読み、ダラニを唱えていたと思われる。第八章で考察するように、空海は虚空蔵菩薩求聞持法《こくうぞうぼさつぐもんじほう》のダラニを一沙門より教えられたという。『正倉院文書《しょうそういんもんじょ》』は奈良時代日本にあった密教経典数十点を記しているが、それによれば、『虚空蔵経』、『観世音秘密蔵経』、『十一面神呪経』、『持世陀羅尼経《じせだらにきょう》』、『陀羅尼集経《じっきょう》』『摩利支天王経《まりしてんのうきょう》』などが、大安《だいあん》寺、興福《こうふく》寺、内裏《だいり》、紫微中台《しびちゅうだい》、僧玄昉《げんぼう》などの寺院や個人に所蔵されていることがわかる。これらのことによって、僧たちも密教経典を所持し、読んでいたであろうと推測される。

これらの寺院の蔵書のリストには『大日経』とか『金剛頂経』など、仏教密教にとって根本的な経典は含まれない。もっとも空海は、入唐以前に『大日経』を読む機会を得たともいわれているので、八世紀末までには『大日経』、『金剛頂経』系の儀軌《ぎき》等は、日本に将来されていたかもしれない。

いずれにせよ、空海が帰国する以前には『大日経』や『金剛頂経』にもとづく、悟りの智慧の獲得を主目的とする仏教密教の形態は、広くは存在しなかった。それは本格的には空海によって導入されたのである。

最澄の立場は微妙である。中国において『金剛頂経』にもとづく金剛界系の入門儀礼(灌頂)を得た最澄は、帰国後すぐ高雄山寺で密教の灌頂を弟子たちにさずけた。この意味では、最澄が日本に密教を伝えたといえるのであるが、空海が帰国するや、最澄自身もみずからの密教の学習の弱いことを認めて空海より灌頂を受けている。その後、空海は日本における密教信仰の確立に努めた。日本の仏教密教における空海の位置の大きさについては、ここで改めてふれる必要はないであろう。

空海以前の日本における密教を「雑密《ぞうみつ》」と呼び、空海の帰国以後の、『大日経』『金剛頂経』を中心とする密教を「純密《じゅんみつ》」というように真言宗では呼ばれることがある。空海は、『大日経』(七世紀成立)や『金剛頂経』(七世紀後半—八世紀成立)にもとづく、確立された仏教密教を日本に導入したのである。その際空海は、当時の日本人にとって新しい儀礼であった護摩などを導入する一方で、日本における土着的な崇拝形態や習俗との結びつきを強めていった。

3　謎の多い青年時代

一年未満の学生生活

最澄の誕生に遅れること七年、七七四年（宝亀《ほうき》五）——一説には七七三年——に空海は、讃岐《さぬき》国多度郡屏風浦《たどのこおりびょうぶうら》に生まれた。父は佐伯直田公《さえきのあたいたきみ》、母は阿刀《あと》氏の出身である。佐伯の姓は佐伯部に由来するが、佐伯部は五、六世紀の頃、大和朝廷に征服されて捕虜になった蝦夷であった。当時、佐伯部は隷民として讃岐・阿波《あわ》・安芸《あき》などに配置されて、その地方の国《くにの》造《みやつこ》の支配下にあった。空海は、この讃岐の佐伯直《あたい》の出身だったといわれる（金岡秀友編『空海辞典』東京堂出版、一九七九年、八頁）。母方の阿刀氏は帰化人の裔《すえ》であったらしい。最澄も空海も帰化人あるいは被征服民族の子孫であったことになる。

空海は一八歳の頃に都に出ていったと思われるが、それまでの讃岐における空海の行動を知る手がかりはない。当時は国ごとに国学《こくがく》（公立の学習・研究機関）があったが、空海が讃岐の国学に進んだという史料も伝承もない（高木訷元『空海』吉川弘文館、一九九七年、九頁）。都に出るまでは外舅《がいきゅう》阿刀大足《あとのおおたり》について『論語』、『孝経』などを学んだ。この外舅は、桓武天皇の皇子伊予《いよ》親王の侍講であったと伝えられている。

空海が外舅阿刀大足のもとでの修学を終えて京に出たのは一八歳頃であったと、もろもろの伝記資料は伝えている。この「京」については従来、異説があるが、おそらくは七八四年に新しく遷都された長岡京《ながおかきょう》であったと思われる。京に出た空海は、仏教や儒教を学ぶ組織的機関としての「大学」に入学したと推定される。しかし、空海の大学生活は一年も続かなかったようだ。というのは、彼は二四歳の時（七九七年＝延暦一六）に『三教指帰《さんごうしいき》』をあらわして、道教、儒教、仏教の三つの教えの中で仏教がもっとも優れていると主張したが、その中で、大学に居るのではなく山林や難所で修行していた、と述べているからだ。しかも、このような修行を二〇歳の頃におこなっていた、と他の史料によって確かめられる。一八歳頃に「大学」に入学した空海は、二〇歳の頃までには山岳宗教の行者となっていたのである。空海がまだ大学にいた頃か退学した直後なのかは定かでないが、彼は一沙門から密教の行法である虚空蔵求聞持法《こくうぞうぐもんじほう》を教えられた。この行法の実践は、行者空海の誕生にとって重要なものとなった。

帰化人の子孫最澄は、一九（二〇）歳で具足戒を受けた数ヵ月後には比叡山に入った。同じく帰化人あるいは蝦夷の子孫空海も、一八歳で大学に入るが二〇歳頃には山林修行者となっていた。この二人の行動パターンは、奇妙なほど似ている。このことは、まったくの偶然ではないであろう。二人の似たような行動パターンと、九世紀に誕生した日本型仏教の性格との間には、必然的な関係があったように思われる。

二四歳の空海が書いた『三教指帰』は、儒教、道教、仏教の三教のうち、仏教をもっとも優れた教えとして選ぶにいたった理由を戯曲風に書いたものであるが、この作品は、空海の真筆が残っていることもあって、制作年代（七九七年）がはっきりしている。

八〇四年（延暦二三）、空海は突如としてそのすがたを歴史の舞台に現わす。彼はその時三一歳であった。『三教指帰』の著述から、六、七年間を彼はどう過ごしたのか。それを裏づける史料はないが、推定できることはわずかながらある。

砂金の袋を腰に巻いて？

まず、空海が唐の都長安《ちようあん》の言葉を理解できたのであるから、彼は中国語のできる人々――中国人たち――とかなりの期間、接触したと推察できる。山林を行者として駆けめぐっているのみでは、外国語の習得は不可能だ。一説には、八〇四年四月九日に、東大寺戒壇院で受戒したという。彼は留学生《るがくしよう》の身分で唐に渡ったのであるから、受戒して正式の僧となっていたことは事実であろう。中国語の学習と受戒との前後関係は不明である。東大寺に数年間滞在し、中国語を学び、東大寺の戒壇院で受戒したと考えることもできよう。空海が少なくとも二、三年の間は、中国語を寺院などで学んでいたと考えたい。

空海が若い時をふりかえっている箇所が、八一六年（弘仁七）、高野山の土地をたまわりたいと上奏した際の上奏文（『性霊集補闕抄』巻九に収められている）にも見られる。そこで彼は、若い時に山野を歩いたが、吉野より南に一日行き、さらに西に両日ほどで、高野と呼ばれる「平原の幽地」があった、あの深山の土地を仏教修行の道場としてたまわりたい、と述べている。空海がふれているこのコースについては、「明らかに奈良盆地より吉野へ向かったのであり、おそらく奈良に留学中に高野を訪れたのであろう」（渡辺照宏・宮坂宥勝『沙門空海』ちくま学芸文庫、一九九三年、一六二頁）と推測されている。

高野を訪れたのが、空海何歳の頃であったかはわからない。一度ならず訪れていたのかもしれない。いずれにせよ、帰国以後、上奏の時までに空海が高野を訪れていないのは確かであるから、唐に渡る前に空海が高野を訪れていたことには疑いがない。

高野のあたりを歩いていたのは、水銀の鉱脈を探していたのではないか、とする説もある。それを裏づける史料はない。しかし、空海が唐に持っていった資金のことを考えると、水銀探しの旅であったのかもしれない。

当時の留学生は、二〇年間唐で学んで帰ることになっていた。空海も二〇年分の資金を持っていった。最澄は、還学生《げんがくしょう》つまり今でいう視察係か客員教授であり、一年以内の滞在予定で、数百両の資金を受け取っている。留学生の空海の資金は、公的には最澄のそれよりははるかに少なかったと考えるべきであろう。最澄の弟子円仁が唐に渡ったときには、詳細な支払い記録を残している。空海は『将来目録』は朝廷に提出しているが、支出記録は残していない。二〇年分の生活費で、短期間に書籍や法具を買い求めていたのであるから、そのような記録を後世に残すわけもないのであるが。

　空海が留学の資金をどこから得たのか。朝廷が最澄に与えたように、空海にも与えたとは考えられない。最終的に「朝廷から受けた資金」という形式を整えたのではあろうが、ともかく最初は、空海はどこかから自分で調達したと思われる。佐伯一族がそれほど裕福であったとも思えない。まして空海は大学に入学して一、二年で中退してしまった者であり、一族の者たちをがっかりさせていたに違いないのである。

　空海は唐に渡る前から、二〇年も滞在する気はなかったのではないか。表現はまことに失礼ながら、大師は「確信犯」であったと思う。というのは、空海はおそくとも唐に渡った二年目には多数の書籍などを買い求めているからだ。二〇年いる予定の留学生は、そのようなことはしないだろう。もっとも、もし二〇年を経て空海が帰っていたならば、彼は日本では何もできなかったであろう。それを空海は知っていた。そして、空海に資金を出した人々の多くは、空海が二〇年より以前に帰国することを望んでいただろうことも、容易に想像できる。この想像に、史料は不要である。

ともかく砂金の袋を腹に巻いて——と筆者は想像するのだが——空海は船に乗りこんだ。伴の者たちのいる最澄とはちがって、空海は身の回りのことを一人でせねばならなかったであろう。二〇年分の資金を守るのも、彼自身でしたはずだ。

4　唐にて

サンスクリットを四ヵ月学ぶ

空海が乗った大使（藤原葛野麻呂）船は、八〇四年七月に九州肥前田浦《たのうら》の港を出て、八月に福州長渓県の赤岸鎮《せきがんちん》に漂着した。しかし、福建に上陸できたのは一〇月であり、大使一行とともに都長安に入ったのは、その年の一二月であった。

日本を出発してから長安に到着するまでに、すでに半年が過ぎていた。航海期間とともに、上陸を許されず、船ですごした二ヵ月を含んでの半年間であるから、密教関係の勉学をしたり、書籍を集めたりすることはできなかったと思われる。

翌年（八〇五）二月、公的な宿舎から西明寺《さいみようじ》に居を移す。その後、般若三蔵《はんにやさんぞう》や牟尼室利《むにしり》三蔵《さんぞう》に師事した。般若三蔵は、カシミール、ナーランダーで勉学し、その後南海諸国を二〇年余歴訪し、七八二年に長安に来たといわれるインド人僧であった。彼は密教経典『守《しゅ》護国界主陀羅尼経《ごこっかいしゅだらにきょう》』一〇巻、『大乗理趣六波羅蜜多経《だいじょうりしゅろっぱらみたきょう》』一〇巻を訳出しているが、空海は自分のフィールド・ノートである『三十帖冊子《さんじゅうじょうさっし》』の中に書写している。この書写にもかなりの時間がかかったであろう。

　また般若三蔵からはサンスクリットを学んでいるが、その期間はせいぜい四ヵ月であったろう。空海のサンスクリットの知識がどのようなものであったかはよくわかっていない。『大日経』や『金剛頂経』のサンスクリット・テキストの長いタイトルを空海は説明している。しかし、彼みずからがサンスクリット全体を訳出して注をつけたということはない。いかに巨人といえども、四〜五ヵ月でサンスクリットに通達することは不可能であったのだろう。

　空海が将来した書籍の中に『華厳経』があり、最澄がそれを借りたいと申し出ている。般若三蔵は『四十華厳経』の訳出者として有名であるが、空海はこの般若三蔵訳出の『四十華厳経』を将来したと思われる。大部なこの経は彼自身が書写したとは思えない。誰かに依頼したのであろう。

　牟尼室利《むにしり》三蔵は、北インド出身で、ナーランダー僧院で学んだといわれる。八〇〇年頃に長安に来て、八〇六年に没した。空海は後、八〇五年に長安の醴泉寺《れいせんじ》において、般若三蔵や牟尼室利三蔵からサンスクリットやインド思想を学んだ、と述べている。

厖大な将来物

八〇五年の五月には、空海は真言密教第七祖である青龍寺の恵果《けいか》に会い、その弟子となっている。空海はこの恵果から六月上旬に胎蔵界の灌頂、七月上旬に金剛界の灌頂、八月上旬に伝法阿闍梨《でんぽうあじゃり》位の灌頂を受けている。六月から毎月異なった灌頂を受けるためには、二月から四月までのように般若三蔵から書を借りて書写したり、サンスクリットを学んでいることはできなかったであろう。したがって、サンスクリットを学んだのは、長くとも四～五ヵ月であったと思われる。

八〇四年の年末に長安に来た空海は、直ちに恵果に会いに行かなかった。般若三蔵たちからサンスクリットを学ぶ機会を与えられたために、恵果に会いに行くのを遅らせたのだ、と考えられる。空海にとってインド人の師につくことのできたことは、何にもまして貴重だと思えたであろう。

空海が入門した八〇五年五月頃から、恵果は病いに倒れ、みずからの死期の近いことを感じていた。空海に次々と灌頂を与えたのも、その病いと関係があったろう。八月にさずけられた伝法阿闍梨灌頂は、法灯を嗣《つ》ぐ阿闍梨（アーチャーリヤ、師）に対してさずけられるものだ。ということは、青龍寺の法灯はすべて空海にさずけられたということなのであろうか。しかし、当の空海は八〇六年に青龍寺を去ってしまった。青龍寺の僧たちがこぞって日本に来たということはない。反対に、空海の帰国後、幾人かの日本人が中国へ渡って真言密教を学んで帰っている。空海が受けた伝法阿闍梨灌頂は、留学生に対する特別枠のようなものであった、ということなのであろう。

恵果は空海にインテンシヴ・コース（集中講義）を与えると、八〇五年一二月に他界した。空海が長安に着いてから、一年の歳月が過ぎていた。あるいは、わずか一年が空海に許されていたというべきかもしれない。翌八〇六年三月には、空海は長安を出発している。四月には越州の節度使に依頼して書籍を集め、八月には明州に行き、一〇月には日本に帰っている。

空海は、長安到着後まもなくの八〇五年の二月から五月まで般若三蔵らにつき、六月から一二月までは恵果について学ぶことができた。八〇五年一二月から八〇六年一月は、師の葬儀で忙しかったであろうし、八〇六年二、三月は帰国準備をしていたであろう。三月から八月までの半年間に書籍を集めている。空海が勉学に集中しえた時間は丸一年もなかったということになる。

だが、この短期間に彼が学びとった学問、思想、および帰国までに集め、日本に将来した書籍等は、途方もない量である。経典一四二部、梵字《ぼんじ》真言讃《しんごんさん》四二部、論疏章《ろんしょしょう》三二部、仏画、マンダラ一〇鋪《ぽ》、道具九種、阿闍梨付嘱物《ふしょくぶつ》一三種が、『御請来目録』に記載されている。量も驚くべきであるが、彼が将来した経典・論書等が、まさに「新しい仏教」を語るものであった、ということが重要だ。『御請来目録』を見た最澄が、次々と空海に本の借用を申し込んだのも不思議ではない。

正味は一年半の留学の間にこれだけの資料を集め、見聞を広め、灌頂を受けて帰ってくるということは、尋常のことではない。神がかりに似た状態が一年以上続いたということなのだろうか。

5　帰国後の活動

帰朝後三年を経て上京

八〇六年（大同元《だいどう》）一〇月に空海は日本に帰り、すでにその同じ月には、唐より持ち帰った書籍などの目録（『御請来目録』）を奏進している。この年の一月には、天台宗に年分度者が二名置かれて、天台宗が公認されている。しかし、空海は筑紫《つくし》大宰府《だざいふ》に滞在した。二〇年滞在の予定をはやめて帰国した彼は、最澄のようには直ちに京に上ることはできなかった。出張期日を大幅に短縮して帰った彼は、朝廷に弁明書を送っている。先ほど述べた『御請来目録』そのものが、弁明書の一部でもあった。法をたがえたことで罰せられはしなかったが、空海が上京することのできたのは、帰朝後三年を経てからであった。空海はこの時間を、持ち帰った経典類を読むことにあてたと思われる。

八〇九年（大同四）四月に嵯峨《さが》天皇（在位八〇九―二三）が即位する。これ以後、空海はこの天皇と結びつきを深め、嵯峨天皇は真言密教の保護者となった。この年の七月に空海は京都に入り、高雄山寺に居を定めた。一〇月には世説の屏風《びょうぶ》を書き、嵯峨天皇に献上している。翌八一〇年（弘仁元）、空海は高雄山寺で国家のための修法をおこなっている。このように入京の翌年には、空海は天皇や、高雄山寺のスポンサーである和気氏から厚い信頼を得ていた。八一二年（弘仁三）には、高雄山寺で金剛界の灌頂を最澄や和気真綱《わけのまつな》たちにさずけた。空海三九歳の時であった。

八一〇年から八一六年頃までは、空海、最澄、嵯峨天皇、和気氏にとって平穏な時間であった。空海と最澄の仲も悪くなく、この間に空海は真言密教の開宗の準備を進めることができた。

八一六年（弘仁七）、空海と最澄は決別する。この後、第三章で述べたように、最澄は残った寿命を、徳一との論争と新しい戒壇院設立のために費やすことになる。一方、空海はこの年八一六年七月に高野山の土地を道場建設のために朝廷よりもらい、翌八一七年には実際に高野の地で建設を始めている。最初に高野明神社、次いで金堂、宝塔の順で建てたといわれる（金岡秀友編『空海辞典』、八四頁）。八一八年には、空海は勅許後初めて高野山に登っている。このように空海はみずからの拠点作りを進めていった。

またこの時期は、空海がみずからの思想体系を構築していった時でもあった。八一八（？）年には、『般若心経』に対する註釈《ちゆうしやく》『般若心経秘鍵《はんにやしんぎようひけん》』（この著作の上表文《じようひようぶん》は後世の偽作という説が有力であるが）をあらわし、八二五年頃までには、『即身成仏義《そくしんじようぶつぎ》』『声字実相義《しようじじつそうぎ》』『吽字義《うんじぎ》』など、小品ではあるが空海の思想体系をよく表わした作品を書いている。とくに『即身成仏義』は、空海の密教的世界観を明快に表わしており、後（第九章）においてこの書をとりあげようと思う。

思想体系の構築

このように高野山に土地を下賜《かし》された八一六年（弘仁七）頃から、空海は自分の思想体系をまとめ始めるとともに、その活動形態も多面的になる。八一六年一〇月には、嵯峨天皇の病気平癒《へいゆ》のために加持祈願《かじきがん》している。空海に病気治癒力があったのか否か。空海にはそのような力があったのだろうと筆者は考えているが、そのことを証明することはできない。しかし、いわゆるヒーリング・パワーなどの超能力を、当時の人々が空海に期待したことはまず確かなことだ。病気治癒力などというものが本当にあるのか否かは別として、密教は古代から綿々と続いている病気治療儀礼を吸収してきた。これは仏教密教のみならず、ヒンドゥー密教（タントリズム）やジャイナ密教においても言い得ることである。

八二一年（弘仁一二）、四八歳の空海は讃岐《さぬき》万濃《まんのう》（農）池《いけ》の修築別当《べっとう》に任命されている。一説には弘仁八年のことともいわれるが、空海が仏教の教理や儀式についてのみではなく、土木に関しても高度の知識を持っていたことがわかる。空海は水の湧き出る地点を指し示すことができたという。地質や周囲の植物などを見て、地下水脈が近くにあるか否かを判断できたのであろう。彼にこの能力があったからこそ、若い時に高野山を見つけることができたと思われる。九〇〇メートルの高さにあり、あれほど水の豊富な台地を、深山の中に見つけているのである。

八二二年（弘仁一三）二月に、空海は東大寺に真言院を建立した。この年の六月に最澄が入寂《にゅうじゃく》し、その一週間後には比叡山に新しい戒壇院の許可が下りている。翌八二三年（弘仁一四）、空海五〇歳の時、嵯峨天皇より東寺《とうじ》を勅賜《ちょくし》され、勅命により「教王護国寺」と名づけ、真言秘密道場とした。空海の開いた真言密教はこの東寺が拠点となったので、この伝統は「東密《とうみつ》」と呼ばれる。

東寺をまかされて二年後の八二五年（天長《てんちょう》二）には、東寺の講堂の建立許可が下りている。この講堂には、現在も如来《にょらい》、菩薩《ぼさつ》、明王《みょうおう》、天《てん》などの尊像がグループごとに並べられており、そのうちの数体は創建時代のものと考えられている。それらの尊像の配置もほぼ当初のまま残されているという。したがって、講堂内部のもろもろの尊像は、全体で一つの立体マンダラをかたちづくっていると考えられる。この立体マンダラについては、後（第九章第三節）に考察したい。

八二四年（天長元）、勅命により空海は京都の神泉苑《しんせんえん》において雨乞いの修法をおこなった。その際空海は天竺《てんじく》より善女龍王を勧請《かんじょう》して雨を降らせた、と伝えられている（拙著『マンダラ瞑想法』一四二頁参照）。そして、八二七年（天長四）にも大極殿にて雨乞いを修している。雨乞いの修法の効果があるものか否かを論じることは筆者にはできない。しかし、当時、いわゆる超能力者――仏教僧侶、山林修行者、呪術者、シャーマンのいずれを問わず――に病気治癒力と並んで期待されたのは「雨を降らす能力」であった。雨乞いとは、雨が必要な時に雨を望む人々の願いを眼に見える儀礼というかたちへと立ちあげる装置である、などと表現することは可能かもしれない。しかし、おそらく、空海は請雨法は有効なものだと考えていた。

とどまるところを知らない否定作業

五〇代半ば、空海の活動はますますめざましくなっていった。八二八年（天長五）三月には、摂津《せっつ》大輪田《おおわだ》船瀬所の別当すなわち造船長官となり、一二月には日本最古の総合大学ともいうべき綜芸種智《しゅげいしゅち》院《いん》（八四五年に廃校）を創立している。翌八二九年（天長六）には和気氏が神護寺を空海に付嘱《ふしょく》した。

このような忙しい日常の中で、空海はライフ・ワークを準備していた。八三〇年（天長七）、彼は詔勅により『秘密曼荼羅十住心論《ひみつまんだらじゅうじゅうしんろん》』一〇巻と、その略本ともいうべき『秘蔵宝《ひぞうほう》鑰《やく》』三巻を完成して献上した。この八三〇年で、空海の東寺における活動は終わりを告げる。空海五七歳であった。

天長年間は、日本仏教の各宗派の教理体系が大成・整備された時であった。朝廷の命によって空海の『秘密曼荼羅十住心論』のほか、三論宗の玄叡《げんえい》著『大乗三論大義鈔』、法相宗の護命《ごみょう》著『大乗法相研神章』、律宗の豊安著『戒律伝来記』、華厳宗の普機《ふき》著『華厳一乗開心論』および天台宗の義真《ぎしん》著『天台法華宗義集』が出揃ったのである。これらの六書を「天長六本宗書」という。

『十住心論』が真言宗の立宗を明確に述べているという理由によって、この書の提出を真言宗の立宗と考える説もある。また高野山の土地を朝廷から許された八一六年を立宗の年と考える立場もある。いずれにせよ、八三〇年は、空海がみずからの思想体系を確立させ、東寺での活動を終えた年であった。八三一年（天長八）の六月に病いにかかった、と『日《に》本紀略《ほんきりやく》』は記している。その病とは、「悪瘡《あくそう》」と伝えられている。

翌八三二年（天長九）八月には、万灯万華会《まんどうまんげえ》の法会《ほうえ》を営んだ。この法会はさまざまなマンダラに灯明や花を捧《ささ》げて供養するものであり、今日にいたるまで続いている。この法会の願文（法会をおこなう主旨と祈願を記したもの）に、かの有名な「虚空尽き、衆生尽き、涅槃尽きなば、我が願ひも尽きむ」（『性霊集補闕抄』第八巻、『華厳経』第二〇、大正蔵一〇巻一八二頁下段）という言葉がある。空海の思想と実践のすべてがここに凝縮していると筆者は思う。これこそが龍樹以来、とぎれることなく伝えられてきた空の思想・実践である。

激しい活動と思索、密教の修行の反復のあとで空海がたどりついた境地は、とどまるところを知らない冷徹な否定作業であった。しかし、彼にその否定を続けさせる力を与えたのは、彼の限りない慈悲（他者に喜びを与え、苦しみを除くこと）の実践であった。六〇年の活動を終えて空海は病いを得、そしてなお彼の命は、それ以前よりも狂おしく燃えあがる。なおしばらく燃えながら、その炎は涼しく澄んでいた。

八三五年（承和《じょうわ》二）三月二一日、空海は高野山にて入定《にゅうじょう》。六二歳であった。

第八章　密教行者としての空海——虚空蔵求聞持法

1　観想法

空海の宗教体験

多忙を極めた六十有余年の生涯の中で、空海は東寺を運営し、高野山を開き、万農池を拡張し、「造船長官」をも務めた。彼の果たした社会的機能は実に多様であるが、これらの事業を、空海は密教僧としておこなった。密教の本質は行法（行）であり、その行法は実践者（行者）それぞれがみずからの身体をもちいて体得するものである。空海も密教行者としてみずからの身体によって仏教の真理を感得しようとした。

空海は若い頃から著作を残しているが、みずからの行状や経験について述べているところは意外と少ない。先に引用した『三教指帰』の中の箇所は、空海の一八歳の頃から二四歳までの数年間に彼が何をしたかをうかがわせるほとんど唯一の記録だ。この記録のおかげで、空海が二〇歳頃どのような修行をしていたかがわかる。空海という日本宗教史における巨人の青年時代の一コマがわかるということではなく、空海の宗教体験の中核をわれわれに告げているのである。山林における修行の意味するもの、あるいはその修行の結果として得られたものが、空海にとって決定的なものであったからこそ、彼自身そのことを書き留めておいたと考えられる。

山林や難所を駆けめぐりながら空海は「虚空蔵求聞持法《こくうぞうぐもんじほう》」と呼ばれる行法を修していた。『三教指帰』の序で空海は数年前の自分をふり返って次のようにいう。

ここに一の沙門《しゃもん》あり、余に虚空蔵聞持の法を呈《しめ》す。その経に説くに、もし人、法によりてこの真言一百万遍を誦《ず》さば、即ち一切の教法の文義暗記することを得と。ここに大聖〔仏陀〕の誠言を信じて飛焰を鑽燧《さんすい》に望む。阿〔波〕国大滝《たいりょう》嶽にのぼりよぢ、土《と》〔州〕室戸《むろと》に勤念す。谷、響を惜しまず。明星来影す。

この行法の直接的結果として、空海は「谷、響を惜しまず。明星来影す」と述べるのみだ。「虚空蔵求聞持法が成就したその瞬間には、自分の居た谷全体が応《こた》えて共鳴し、虚空蔵菩薩《ぼさつ》の標《しるし》（シンボル）である明星が自分の方に輝きながら迫ってきた」というのである。空海の述べるところはこれのみであるが、空海も読んだと思われるこの行法のテキストが残っているので、それによってこの行法の全体像を知ることができる。

この行法は「求聞持法」と名づけられ、一般には記憶術（暗記術）と考えられ、空海も師からそのように教えられたと述べている。しかし、現在残されているテキストを読むかぎり、この行法が記憶を良くするためのものとは思えない。俗世間から遠ざかり、何ヵ月も真言を唱えておれば、精神の集中力を強めることができるのは当然のことであろう。また、当時は書籍の数も少なく、読む機会を与えられてもごく短期間のことであったはずだ。それゆえ、当時の学僧たちにとって、読んだ書籍の内容を暗記したり、聞いた教えを記憶する能力の重要性は今日のわれわれの想像をはるかに超えていたと思われる。この行法が求聞持法として実践されてきたことは歴史的事実である。真言宗中興の祖といわれる覚鑁《かくばん》興教大師（一〇九五—一一四三）は、生涯に八度もおこなったという。今日の日本でもこの行法は実践されているが、真言を限りなく多い回数唱える行法と理解されているようだ。

たしかに「真言一百万遍を誦す」と空海も述べており、後に見るように善無畏《ぜんむい》が訳した『虚空蔵求聞持法』のテキストにも「百万遍唱える」とある。この行法における虚空蔵菩薩の真言は長いものではないが、百万遍を集中的に唱えるということは、途方もなく過酷な苦行だ。事実、後世の日本ではこの行は、罪を犯した僧侶《そうりょ》に対する罰としてその実践が命ぜられたこともあるという。

虚空蔵求聞持法は日本でこのように実践されてきたのではあるが、この行法ははたして本当に記憶術なのであろうか。記憶あるいは暗記のために数ヵ月間も真言を唱え続けよとテキストは命じているのであろうか。

仏の姿を眼前に生み出す技法

そもそも、虚空蔵求聞持法とは何か。テキストを総合的に判断すれば、それはインドで生まれた観想法（成就法《じょうじゅほう》、サーダナ）の一種である。観想法とは、尊格（仏、菩薩、神等）のすがたをあたかも実在のものであるかのようにまのあたりに見たり、その尊格と一体となる行法である。眼前にリアルなすがたを生み出すこの技法は、密教（タントリズム）の時代になって生まれた。

すでに述べたように、密教には、仏教の密教、ヒンドゥー教の密教、ジャイナ教の密教があるが、観想法は仏教密教のみならず、ヒンドゥー密教などにおいても成立した。現在のインドにおいても、ヒンドゥー教の観想法を実践する行者たちがいるといわれる。仏教の観想法の伝統も、わずかながらチベット、ネパールなどに残っている。

観想法のテキストはおびただしい数が今日残されている。サンスクリット（梵語）のテキストとしては、一二世紀頃に編纂《へんさん》された『観想法の花環《はなわ》』（サーダナ・マーラー／B・バッタチャルヤ編、二巻、一九六八年）がある。これは半頁から一〇頁ほどの観想法の手引き（あるいはメモ）を約三〇〇点集めたものだ。ここに収められている観想法は七、八世紀から一二世紀頃までのものと思われる。

今問題となっている虚空蔵求聞持法のテキストは、『観想法の花環』の中に収められてはいないが、収められていたとしても不自然ではないほどの内容である。『観想法の花環』の写本は、現在知られているだけでも二十数本残っているが、これだけ多くの写本が残っていることは、インド、ネパール、チベットで観想法が密教の重要な行法であったことを示しているといえよう。

膨大な量の観想法のサンスクリット・テキストが、チベット語（蔵語）に訳されて『西蔵大蔵経』の中に収められた。またチベット仏教でも観想法は重視され、チベット人の手になる観想法の全集『観想法集成』（ドゥプタプクントゥ）一六巻などが残されている。ネパールのカトマンドゥ盆地を中心とするネワール人の大乗仏教においても、サンスクリットやネワール語で書かれた観想法の文献が残されている。

危険な身体技法

虚空蔵求聞持法は、唐の時代に中国にもたらされた。インドでの成立は、唐にもたらされる直前と考えられる。というのは、観想法がインドにおいて成立するのは、密教が成立した後しばらく時を経てからであるが、かの虚空蔵求聞持法自体、観想法の原初的形態を見せているのではなく、発展してかなり複雑になった形を示しているからである。虚空蔵求聞持法は、唐の時代に三回訳されている。第一回目は『大日経』を訳した善無畏による訳（七一七年）であり、空海は彼の翻訳を用いたと推測されている。訳者善無畏は、七世紀末頃の成立といわれる『金剛頂経』を知っている。したがって、善無畏が訳したサンスクリット原本は、七世紀末頃から八世紀初頭のものであろうと推測される。

虚空蔵菩薩の観想法の内容を考察するためには、あらかじめ供養（供養祭、プージャー）という儀礼を概観しておく必要がある。仏教密教あるいはヒンドゥー密教の観想法はほとんどの場合、供養の形式をとっておこなわれるのであるが、善無畏の訳したテキストにおいても、他の二つの中国訳（金剛智訳、不空訳）においても、供養の枠組の中で観想法がおこなわれている。したがって、虚空蔵求聞持法の考察のためには、この行法が、供養というインドの宗教におけるもっとも典型的な儀礼のかたちをとっていることを知る必要がある。「儀礼」といっても、この求聞持法が形どおりの所作の連なりにすぎないというわけではない。

観想法は、一歩間違えば精神のバランスを崩してしまい、正常の日常生活に戻ることのできないほどの危険な身体技法であり、単なる所作の連なりではない。危険なものだからこそ、人間の所作を、儀礼というあらかじめ設定された回路の中に流す必要があるのだ。そうすることで行者は、みずからの心の働きを極度に緊張させ昂揚《こうよう》させたり、またその緊張から安全に日常の状態へと戻ることができるのである。

供養とは、「聖なるもの」としての神仏に対して供物を捧《ささ》げ、神仏をあたかも人に対するかのように「養う」行為である。「聖なるもの」を養うことによって、「俗なるもの」の聖化に参与してもらおうとする宗教行為である。サンスクリットでは「プージャー」というが、この語は「供物を捧げて崇《あが》める」という意味の動詞「プージュ」から造られた名詞である。プージャーには供物は欠かせない。何も捧げるものがなくて供養をするときには「心を捧げる」のである。供物を捧げずに神仏を礼拝する場合には、「プージャー」とはいわずに、「ナマスカーラ」(礼拝)などという。

供物を捧げて神や仏を敬《うやま》うという行為は、インドの宗教に限ったことではない。が、インドではこの儀礼はすこぶる重視され、捧げる供物の種類や順序、さらには捧げ方などが時代を経るにつれて、整備されていった。紀元前二世紀頃の仏塔の浮き彫りには、涅槃《ねはん》に入った釈迦《しゃか》のシンボルである仏塔に、花環を掛けて合掌《がっしょう》している人のすがたが見られる。それゆえ、紀元前の仏教徒たちも供養(プージャー)をおこなっていたことがわかる。

神をもてなす

釈迦および初期仏教教団が、儀礼に対して消極的であったことは事実であるが、大乗仏教の発生以前にも仏教徒たちはある程度の儀礼行為をおこなっていた。六、七世紀以降、インドで仏教密教が興隆してくると、仏教徒、とりわけ密教徒は、供養をみずからの実践体系の中に組み入れた。そして、供養が礼拝のための単なる所作ではなくて、密教が求める宗教的「財」、すなわち悟りなどの精神的至福（ニヒシュレーヤサ）を求める行法として練り上げられた。「プージャー」を「供養法」と訳すことがあるが、この「法」とは行法のことであり、今述べたような事情を反映しているのである。

供養（供養法）はもてなしを演ずる儀礼・行法である。つまり、招いた客をもてなしてその客が帰るのを見送ると同様に、招いた神をもてなしてその神が帰るのを見送る、という筋書きの行為を儀礼としておこなうのである。後世、ヒンドゥー教においてはこのもてなしの段階が一六に分けられ、一六段階の供養がもっとも整備されたかたちとなった。今日インドやネパールのヒンドゥー教徒がおこなうプージャーのうち、もっとも典型的なものがこの一六段階の供養だ。正確には「一六のウパチャーラによるプージャー」と呼ばれる。「ウパチャーラ」とは、神をもてなす個々の所作および個々の供物を意味する。神を招く行為あるいは所作のみならず、神に捧げる花（華）や水もウパチャーラである。
「一六のウパチャーラによるプージャー」は次のとおりである。

一　神を招く
二　神に座を差し出す
三　神が足を洗う水を差し出す
四　神への供物の水を差し出す
五　神が口をすすぐための水を差し出す
六　神を沐浴《もくよく》させる
七　神に衣を着せる
八　神に上衣を着せる
九　塗香《ずこう》（軟膏状の香りのよいもの）を捧げる
一〇　華を捧げる
一一　香を捧げる
一二　灯を捧げる
一三　馳走《ちそう》を捧げる

一四　神を右回りに回る
一五　神への礼拝
一六　真言を唱えて神を見送る

行法の副産物

ようするに、招きに応じて来た神に、まず座などを差し出して落ち着いてもらい（二―五）、沐浴《もくよく》をさせ（六）、御馳走などを出し（七―一三）、右回りに回るなどした後帰るのを見送る（一四―一六）という手順を経るのである。これらの所作のうち、もっとも重要なのは沐浴である。今日のヒンドゥー教寺院のプージャーにおいても、この部分が念入りにおこなわれている。

このようなプージャーの形式は、仏教においてもとり入れられた。虚空蔵求聞持法も、大筋においては今見たような手順を踏んでいる。プージャー（供養、供養法）の中核的部分の沐浴に対応する場面で、虚空蔵菩薩の実質的な観想がおこなわれる。このことは、虚空蔵求聞持法に限らず、他の観想法のほとんどの場合がそうである。供養の手順を経ながら、その中心的な部分においてそれぞれの尊格の観想法がおこなわれるのである。もっとも観想法も、行者がみずからのすべてを捧げて、神あるいは仏と一体となるものであるという意味では、一種の供養法と考えられる。

虚空蔵求聞持法の三つの漢訳は、『大正新脩大蔵経』（大正蔵）第二〇巻に、次のような番号が付されて収められている。

一一四五　虚空蔵菩薩能満諸願最勝心陀羅尼《のうまんしょがんさいしょうしんだらに》求聞持法（一巻）善無畏訳
　　　　　六〇一頁c（下段）―六〇三頁a（上段）

一一四六　大虚空蔵菩薩念誦《ねんじゅ》法（一巻）不空《ふくう》訳
　　　　　六〇三頁a―六〇四頁c

一一四九　五大虚空蔵菩薩速疾《そくしつ》大神験秘密式経（一巻）金剛智《こんごうち》訳
　　　　　六〇七頁a―六〇九頁a

一一四七番および一一四八番も虚空蔵菩薩に関するものであるが、今問題としている行法（供養法）と直接の関係はない。右にあげた三つの漢訳の内容はまったく同じというわけではなく、サンスクリット原本も同じであったか否かはわからない。少なくとも、金剛智訳のサンスクリット原典は他の二点とはかなり異なっていたと思われる。しかし、この三つのテキストは明らかに同種の行法を扱っている。求聞持法と名づけられているのは、善無畏の訳のみである。

善無畏訳の本文は暗記術のことはほとんど触れず、「一切の罪障が悉《ことごと》く皆銷滅《しょうめつ》する」（六〇二頁c、六〇二頁b）とか「身心が清浄《しょうじょう》となり福と慧《え》が増長する」（六〇二頁b）とか述べているのみである。「慧が増長する」のであるから、当然、記憶も良くなるかもしれない。ともあれ、求聞持法の聞持とは記憶のことであると、歴史的に考えられてきたことは事実であるが、記憶が良くなるという側面はこの行法の一つの副産物にすぎなかったのではないか。金剛智や不空の訳した虚空蔵陀羅尼法は、聞持についてては触れていない。

2　虚空蔵求聞持法の内容

内容を四グループにまとめると

善無畏訳の『虚空蔵求聞持法』の内容を『五十巻鈔』の摘要に従って園田香融氏が二四項目に分けておられる「古代仏教における山林修行とその意義」（和多秀乘・高木訷元編『空海』所収、吉川弘文館、一九八二年、五一―五三頁）。それを参考にしつつ、今まで述べてきた観想法、供養法の観点からこの観想法の内容を整理すると、以下の四グループ（A―D）にまとめることができる。

A　準　備

(1)　虚空蔵菩薩の図像を描く
(2)　場所を選んで図像を置く
(3)　香木で曼荼羅（壇）を作って像の前に置く
(4)　五種の供物（塗香、花、香、飲食、灯）を用意する
(5)　水で浄めた手で供物を壇上に置く

B　護身法と結界法

(1)　像に礼拝し、半跏《はんか》に坐《ざ》す
(2)　護身印を結び、虚空蔵の陀羅尼《だらに》を三度唱える
(3)　護身印を結んだままの手で壇を水で浄《きよ》める
(4)　護身印を結んだ右手を回すなどして陀羅尼を唱えながら身の周囲を結界する

C　供養法

(1)　虚空蔵菩薩を招く
(2)　蓮華を座として差し出す
(3)　塗香（香木の粉などを油で練ったもの）を壇に塗る

(4) 花を壇上に撒《ま》く
(5) 香（焼香）、飲食《おんじき》、灯を捧げる
(6) これらの供物を受け取るよう、菩薩に心で供養する（運心供養）
(7) 陀羅尼を通して菩薩の観想をおこなう。菩薩の心臓にある「満月」（月輪《がちりん》）から陀羅尼の文字が列をなして飛び出し、行者の頭頂に入り、口から出て菩薩の足許に行き、再び心臓より出る。このサイクルを繰り返す
(8) 疲れたならば、座を立つ
(9) 菩薩を見送る

D 附記

(1) 日食もしくは月食の時に倍の供物を捧げるならば功徳が倍加する
(2) その際、チーズ（蘇《そ》）を攪拌《かくはん》しながら陀羅尼を唱えるならば、そのチーズは神薬となる

真言を百万遍唱える

ようするに、Aの段階でさまざまな準備をして、次のBの段階で本質的儀礼・実践に入る前に祭壇と身の周囲を浄化するとともに、外からの魔的な侵入者を防ぐために結界する。

Cは全体としては供養法の手順を追っているが、水や花などを捧げた後で観想法がおこなわれているのである。

真言を「百万遍」唱えるというのは、観想法がひとまず終わった後に、行法を修することによって得られた体験をできるかぎり長い期間保持するために唱えるのである。したがって、何ヵ月もかけて真言を唱えることは、たとえそのことによって超能力の生ずることがあったとしても、虚空蔵求聞持法（虚空蔵陀羅尼法）とは一応別個の実践あるいは儀礼となる。

もちろん、この虚空蔵の行法を修する行者はほとんど毎日おこなったであろう。虚空蔵菩薩の図像の描かれた絹布あるいは板は、毎日新しく描かれたわけではなかったであろうし、「供物を実際に供えることができない場合には、心で思うだけでよい（運心供養）」とテキストがはっきり述べているゆえに、虚空蔵陀羅尼法を修するたびに実際の供物を用意したとは思えない。修行者にとって毎日、新しく花、塗香、焼香、果実（飲食）を用意することは経済的にもほとんど不可能であったろう。

儀礼的所作としての供養は、今日、インドやネパールのヒンドゥー教の寺院でおこなわれているものを見ると、簡単なものは二〇分程度、大がかりなもので一時間ぐらいで終わる。カトマンドゥ盆地のネワール大乗仏教の場合でも、日課としての短い供養は二〇分位のものであるし、大がかりなものでも準備を含めて、二、三時間である。

善無畏の訳したテキストに従って実際に行法を実践するならば、どれほどの時間がかかるのか。Bをおこなうには数分もあれば充分だ。Cの初めの⑴から観想法直前の⑹までをおこなうには、一五分かからないと思われる。⑺はすこし措《お》くとして、⑻と⑼を終えるには数分とかからない。

ところが、Aの準備の段階を終えるには、どれほどの時間が必要かを言うことはほとんどできない。絹や板がなければそれを入手するために幾日もかかるかもしれないし、行法に専念できる場所を見つけて、石や骨などを取り除き、浄めるために二、三日必要かもしれない。木の壇を作ったり、入手するのもそれほど簡単ではない。一方、虚空蔵菩薩の図像、場所、壇などがあらかじめ用意されている場合には、Aの段階の実施にはそれほどの時間はかからない。現在インドやネパールでおこなわれている供養の準備などから判断するに、図像や壇がすでにあるならば、Aの段階は三〇分もあれば終えることができるだろう。

したがって、虚空蔵の行法をともかく一回おこなうに必要な時間は、五〇分に観想法に必要な時間を加えた時間ということになる。それでは、観想法つまりC⑺はどれほどの時間が必要なのか。途方もなく長い時間ではない。というのは、行者が座に着き、儀礼・実践をおこなった後、座より離れるまでの時間のうちでおこなわれるべきものであるからだ。一回の観想法は、二時間ぐらいから数時間かけておこなわれていたと思われる。

インドやチベットの儀礼に関する文献（儀軌《ぎき》）には、しばしば一日を四つ、つまり六時間ずつに区切って行法をおこなうというくだりがある。人間の生理的な面をも考えると、数時間というのは一つのまとまった所作をするのに適した時間であろう。また六時間ごとのセッションを一昼夜続けるというくだりもある。

「疲れたならば、行法を止めよ」とか「疲れた時には休め」という表現も、観想法のテキストには一般的だ。観想法は肉体的苦行ではない。行者は、心身をベスト・コンディションに保って観想法をおこなう必要がある。密教の行法においては、行者は心的エネルギーを、身体にはりめぐらされていると想定された脈管（ナーディー）の中に走らせながら、それを活性化する。心的エネルギーは極度に鋭く強くなり、あたかもそのエネルギーが仏や菩薩のすがたをとることができるほどに活力あるものとなる必要がある。気を凝らし昂《たか》めることは、疲れた身体には不可能なことだ。

山林を駆けめぐって修行することは、幾時間あるいは幾日も気を昂めることのできる心身を造りあげることには効果的であろう。また人気《ひとけ》の少ない山林で真言を唱え続けることは、密教の観想法をおこなうにふさわしい心身の状態を造り出したであろう。しかし、山林なり人気の少ないところで数年間、真言を唱え続けても、虚空蔵菩薩のかの行法が成就するとは限らない。

虚空蔵の行法に限らず密教の行法をおこなうには、特定の資質が必要だ。努力が必要なことは当然であるが、それが十分条件というわけではないようだ。ネパールに残る仏教密教の行者たちを見ても、彼らは一般の人とは異なった気質の持主である。

観想法が伝達される際には、知識の伝達はもちろんのことであるが、弟子は師の身体から直接に何ものかを感じ取っているはずだ。密教において師が重視されるのは、師からの波動を感得してはじめて弟子は密教の行に入ることができるからである。

空海がせっかく入学した大学を中退した理由は不明だ。虚空蔵求聞持法を示されたからかもしれないし、それ以前にすでに中退していたかもしれない。しかし、空海が師の沙門から強烈な何かを感じとったことはまず確かなことだ。行法のテキストをも示されたであろうが、それよりも彼はその沙門の身体からたちのぼる「気」を感じとったと筆者は思う。

かの沙門が誰であったのかは今日はっきりしていない。『虚空蔵求聞持法』は善無畏により七一七年に訳されているが、七一七年まで中国にいた道慈《どうじ》が直接に善無畏から伝授され、それを弟子の勤操《ごんぞう》（七五八―八二七）に渡し、その勤操が空海に伝授した沙門ではなかったかと推測されている。空海の若い頃には、自然智宗と呼ばれる山林修行者の集団があった。空海に虚空蔵求聞持法を示した沙門は、この集団に属していたのではないか、とも考えられている。

元来はインドの行法である虚空蔵求聞持法が、どのようにして日本で「生き続け」得たのか。七一八年に帰国した道慈自身がたとえ善無畏から直接伝授されたとしても、空海が接するまでに七十余年もある。道慈の弟子の勤操が空海に伝えたのであれば、その場合も行法の伝承の中絶はなかったことになる。しかし、そうであるという保証はない。

行者が無意識に出す声

元来はインドの行法である観想法という密教の行法は、自然智宗などのいわゆる山岳宗教の行法や空海がおこなっていたであろう修行の中身と、似ているところがあったのではなかろうか。それゆえ、虚空蔵求聞持法というインドの行法が、遠く離れた日本でも実践され続けていたのではなかろうか。もっとも、インドの虚空蔵の行法の実際と、日本における虚空蔵の行法のそれとがまったく同一であった、とは考えられないのであるが。

虚空蔵求聞持法においては、B護身法の(2)で虚空蔵陀羅尼を三度唱えよ、と要請される。B(3)では七度、C(1)では二五度、C(3)では一度、C(4)で一度、C(5)では二度、C(6)では一度、かの陀羅尼（真言）を唱えよ、とテキストに述べられている。

陀羅尼（ダーラニー）とは「保つ」を意味する動詞「ドゥリ」（dhṛ）の派生語であり、保持すべきものを意味する。つまり、常に唱えているという意味で保持すべきものである。虚空蔵の陀羅尼に限らず、みずからが選んだ尊格の陀羅尼を、行者は日常に唱えているのである。

虚空蔵菩薩のもっとも一般的な陀羅尼（真言）は、「オーム、ヴァジュララトナ、オーム、トラーハ、スヴァーハー」（オーム、金剛宝よ、オーム、トラーハ、スヴァーハー）である。しかし、善無畏訳にある陀羅尼は次のとおりである。

南牟《ナモー》 阿迦捨掲婆耶《アーカーシャガルバーヤ》 阿《オーム》 迦磨《アリ カマリ》 慕《ムリ》 莎 訶《スヴァーハー》
(namo ākāśagarbhāya om ari kamari muri svāhā)

この真言は一応、「虚空蔵《アーカーシャガルバ》に帰命《ナモ》する。オーム、アリ、カマリ、ムリ、スヴァーハー」と訳すことはできるが、後半の意味は不明だ。というよりも、陀羅尼のある部分は、行法に入った行者が自然に発声した音を踏まえていることが多い。

身体技法がある程度まで深まったとき、行者は反射的に声を出すことがしばしばである。そのような場合の声にはほとんど意味はない。例えば、「キリキリキリ」とか「ファット

ファットファット」といった調子である。行者が無意識に出す声あるいは音であるからこそ、行法にとっては意味がある、といえる。

密教のほとんどの行においては、その初期段階において行者は言葉を失う、つまり言葉を話せない状態へと導かれる。「アリ、カマリ、ムリ」という音もおそらくそのような状態に入った行者が発したものが、後に定着したものであろう。言葉を失った行者が発する「声」はほとんどの場合、単純なものであり、同じ音のくり返しが多い。この場合も「ア」の音が二回、「リ」の音が三回くり返されている。

3　中核の観想法

文字が金色に輝く

虚空蔵求聞持法の中核である観想法C(6)を、すこしくわしく見てみよう。テキストは次のようにいう。

菩薩の心の上に一つの満月があるを想う。然《しか》して誦《ず》するところの陀羅尼の字は、現に満月中に皆金色に造り、其の字また満月より流出し、行人の頂に澍《そそ》ぎ、また口より出でて菩薩の足に入る。（中略）想うところの字は巡環して往来す。相続して絶えざること輪の如くにして、しかも転《てん》ずる。身心もし惓《う》まば、すなわち止息すべし（『大正蔵』第二〇巻、六〇二頁c）。

この要点は、虚空蔵菩薩の陀羅尼の文字が、虚空蔵菩薩の心臓にある月輪の上で金色に輝きはじめ、その文字が列をなして行者の頭頂から入り、行者の口から出て、菩薩の足に行き、また心臓から出てくる。陀羅尼の文字の輪が循環運動をするというのである。この虚空蔵菩薩の観想法のもっとも重要な部分は、この文字列の循環運動にある。菩薩と行者とは、この文字列の循環運動によって結ばれるのであるが、この種の観想法によっては行者は眼前に立ちあらわれる尊格の「すがた・かたち」を意識しており、同時に自分自身をも意識していると思われる。この文字の循環運動が長時間、さらには幾日、幾年と続くことによって、菩薩と行者との距離はかぎりなく小さなものとなっていくのであろうけれども、ゼロになることはない。あくまで眼前に尊格を見すえながらおこなうタイプの観想法なのである。

真言の文字のこのような循環運動は、今日のネワール密教においても見られる。一九九八年春、筆者はカトマンドゥ市で、ネワール人の女性ヨーガ行者の一人と会うことができた。彼女は、仏教とヒンドゥー教を折衷《せっちゅう》したような崇拝形態を有していたが、仏教の観想法の話になった際、彼女は「仏の身体から真言の文字が出た後、行者の頭部に入り、そして行者の身体の下部から仏の身体にもどる」という行法が、ネワール仏教において実践されていると語った。

その際、わたしは虚空蔵求聞持法のことを話していたわけではなかった。そのヨーガ行者の語り口から推察して、かの真言の文字の循環運動を中核とした行法は、ネワール密教行者の間では特殊なものではなく、一般的なものであるという印象を受けた。『観想法の花環』の中にも、真言の文字の循環運動を含んだ観想法は、例えば六〇番の「金剛アナンガ文殊に関する観想法」に見られる。

ちなみに、月輪とは月の白い光を有する円盤をいい、日輪とは日の光を有する円盤をいう。善無畏が「満月」と訳したのは、三日月とか半月ではなく、丸い月を表現したいという意図があったのであろう。密教の尊格を形像や文字などで表現する場合には、丸い月（月輪）あるいは日輪の上に立ったすがたを描くことが多い。柔和なすがたの尊格は月輪の上に、凶暴なすがたの尊格は日輪の上に表現されるというのが、後期密教における図像表現の一般的慣習だ。この意味の月輪は通常、仏や菩薩の足の下の丸いマットのように描かれたもののことであって、仏たちの背後にある丸い光背《こうはい》のことではない。

このように観想法の中で、月輪あるいは日輪は、仏や仏のシンボルの敷物として現われる。また月輪や日輪は、蓮華《れんげ》の上に乗っていることがしばしばである。観想法の中で、この敷物としての月輪の位置に「満月」が来ることはまず考えられない。また、不空訳および金剛智訳では「満月」という訳語はもちいられていない。

谷全体が身をふるわせ、歌う

観想法の説明の中に、いわゆる満月や新月などが登場することは、少なくともインド的文脈ではほとんど考えられないのである。人体を流れる気の脈管が、「日」「月」などと呼ばれることはある。また文殊菩薩を中尊とする法界マンダラの最外輪には、二十八宿《にじゅうはっしゅく》（月が一日一日と宿る天文学上のマンション）が描かれる。しかし観想法の中で、尊格の身体の部処に天体での運行を語るような星辰《せいしん》が配されることは、インドやネパールでは考えられない。シヴァ神は頭に三日月の飾りを付けることがあり、その図像学的特徴を受け取った仏教の秘密仏チャクラサンヴァラが、三日月を付けていることはある。しかし、この三日月は、観想法の中で月の満ち欠けが問題となるというような三日月ではない。

わたしが「満月」という訳語にこだわるのは、日本ではこの「満月」という語は、仏たちの敷物としての「月輪」という意味ではなくて、文字通りの満月と理解されたのではないかと思うからである。

空海は「明星来影す」と記している。インドの密教行者ならばそのようにはいわなかったのではないかと思うのだ。空海はもしかすると、森林の中で天空つまり虚空を見つめながら、天体規模の虚空蔵菩薩を思っていたのではなかろうか。「谷、響を惜しまず」とも空海は記している。自分が瞑想《めいそう》している谷全体が身をふるわせ、声をあげて虚空蔵菩薩の顕現を歌うというのである。あるいは、その響き自体が虚空蔵の顕現そのものであったと空海が感じた、というように考えるべきかもしれない。

いずれにせよ、空海が伝える虚空蔵菩薩の顕現は、インドでできた観想法テキストの述べるところとかなり異なるように思われる。前に述べたサンスクリットの観想法の集成『観想法の花環』（サーダナ・マーラー）のどこにも、空海が伝えるような観想法の「成果」は述べられていない。すなわち、星辰や谷などといったいわゆる自然が、観想法の最終的状態の中で浮かびあがってくる、ということは考えられないのである。インドの密教行者が観想法の成果として見るものは、みずからが思い描いた尊格に似たすがたのものである。星や森林そのものを観想法の対象としての尊格としてみなす、ということは考えられない。この事情は、チベットやネパールでも同様である。

インドにおいて自然が尊格としてみなされることはない、といっているのではない。自然を神としてみなすことはインド人のもっとも得意とすることであった。例えば、インドの詩聖カーリダーサ作の『王子の誕生』(クマーラ・サンバヴァ)は、次のような頌《じゅ》で始まっている。

北方にはヒマーラヤという名の
神格を備えた山の王がいた。
東と西において海へと入りこみ、
大地を計るものさしのようだった。

ここではヒマーラヤ(ヒマラヤ)山脈が、山々の王にたとえられている。カーリダーサは続ける。

その〔ヒマーラヤ〕山をすべての山々は仔牛とみなし、
乳搾《ちちしぼ》りに巧みなメール山(須弥山《しゅみせん》)が乳搾り人となり、
輝く宝や薬草を
プリトゥ王に命ぜられた〔牝牛のすがたの〕大地より搾り出した。

空海の日本的観想法

ここでは大地が牝牛、メール山が乳搾り人となり、仔牛であるヒマーラヤ山に乳を与えるという、乳搾りという一つの行為に関連したいくつかのたとえが語られている。メール山つまり須弥山は、仏教徒の考えた世界の中心（世界軸）として存在し、インド後期仏教のマンダラは、メール山頂に建てられた仏たちの宮殿を描いたものである。ちなみに、メール山のイメージの原型は、中国・インド・ネパール国境近くのカイラーサ山にもとづくといわれている。

山の王ヒマーラヤには、美しい娘パールヴァティーがいた。彼女はカイラーサ山の頂上に住むというシヴァ神に恋心を持ち、シヴァ神の心をとらえるべく苦行をおこなった。彼女とシヴァ神はやがて結婚し、王子スカンダが誕生する、というのがカーリダーサの『王子の誕生』のあらすじである。

この作品では、しばしば自然が神格化されて登場する。このような自然の神格化は、サンスクリット文学のみならず、ヒンドゥー神話に一般的なことである。

しかし、インド仏教は、そのような自然の神格化を避けているように思われる。仏典には、ガンジス河の砂浜の描写や極楽浄土の風景の描写などが見られるが、カーリダーサの詩に見られるような自然の神格化はほとんど見られない。それはブッダの立場からすれば、ごく当然のことではある。ブッダにとって重要なのは、無明に苦しむ人間なのであり、いかにすればその無明から解き放たれるかが問題なのであった。したがって、山や川が礼拝の対象としての尊格である、というようなことはブッダの立場からはあり得ないことであった。

仏教密教の観想法においても、同様のことが言い得ると思われる。インドの観想法、例えば『観想法の花環』に収められている約三〇〇点の観想法の内容の中で、特定の星の輝きとか、自分の坐《すわ》っている林や谷の状況などが重要な要素となるようなところはないのである。

ヒンドゥー密教の観想法には、もしかすると「明星来影す」というようなことがあるのかもしれない。だが、インド仏教密教の観想法に関するかぎり、行者の前に立ち現われる尊格は、あくまで「人間に近いイメージのもの」であって、神格化された自然ではない。

空海の観想法の最終的状態がどのようなものであったのかは、今日定かに知ることはできない。しかし、残された記録から推察するかぎり、空海の体験は、インドの観想法が述べる境地そのものというよりは、日本の山岳宗教あるいは神道の実践の要素を多分に含んだものであったように思われるのである。

第九章　空海のマンダラ理論

1 『即身成仏義』——空海の密教理論

この身体のままで仏になれる

前章では空海の密教行者としての側面を考察したが、本章においては空海の理論的側面をとり上げてみたい。最澄が依拠した理論は天台教義学であったが、空海が基礎にした理論は、七世紀以降の成立と考えられる『大日経』と『金剛頂経』に述べられた密教理論であった。ただ、空海の密教理論には独創的な点も多く存在する。

空海の数多くの著作の中で、八二五年頃までにあらわされたと考えられる『即身成仏義《そくしんじようぶつぎ》』は、彼の思想をもっとも簡潔に、しかも体系的に述べている書の一つである。この書は題名の示すように、幾度も生まれかわった後ではなくて、今受けている身体のままに仏となることができる、という空海の根本思想を説いている。仏となるためには、幾世にもわたる厳しい修行を積まねばならない、と当時の仏教徒たちは考えていた。シャカ族の太子ゴータマが数年間の修行で仏となったのは、彼の前世までの修行がシャカ族の王子となった時に実を結んだため、と信じられていた。

空海以前の日本仏教では、仏教僧たちは厳しい戒律を守って修行をしながらも、仏となるなどということは考えることもできない遠い未来に起きるか否か、それも定かではない、と考えていたであろう。そのような状況の中で、「即身成仏」つまり今生《こんじょう》の身のままに仏となることができるという空海の考え方は、従来の保守的な奈良仏教の僧たちには不遜《ふそん》なことと映った。しかし、空海のこの考え方は当時、奈良仏教の旧勢力の猛反撃にあっても み消されてしまったわけでもなかった。空海以後の日本仏教史において、彼の「即身成仏」という考え方は、真言宗の祖空海の根本思想としてそれなりの位置を与えられてきた。この空海の考え方を、日本仏教のほとんどの勢力が否定してきたという歴史もない。

その理由として、日本仏教史における空海の位置があまりにも高く、彼を批判できるかあるいはしようと思った人物は、日蓮のようなごく限られた者であった、という側面もあろう。だが、筆者は、空海が述べている「成仏」がインド的状況における「仏」ではなく、「日本化」された「仏」であったという事情によるのではないかと思っている。

空海は唐に渡り、インド人般若三蔵《はんにゃさんぞう》を師として学んでおり、当時としては驚くほどインド密教に近い形態の密教を学んで帰っている。しかし、後ほど見るように、空海はすこぶる大胆に、インド仏教ではもちいられない概念、あるいはインドとは異なる意味の概念を、みずからの基礎概念にもちいている。これは、空海がインド的密教を正しく理解しなかったというのではなくて、日本においてあるいは自分自身が、どのように仏教を理解するかを熟慮、あるいは直観した結果と考えるべきであろう。

『即身成仏義』の一つの柱は、空海が述べる世界観（宇宙観）である。彼は「体・相・用」という三点セットの基礎概念をもちいて、世界の実体・素材（体）、様相・形態（相）および活動・作用（用）を説明している。インド仏教において、世界は「世間」（ローカ）という語で表現された。世間は元来は人間たちを意味し、人間たちが住む場あるいは「器《うつわ》」としての山・川・平野などは「器世間《きせけん》」と呼ばれた。中国仏教そして空海は、「世界」に関するこの伝統的な考え方を受け継いでいる。

空海は『即身成仏義』の中で、人間たちや仏たち、そして彼らを収めている器世間を構成している要素を設定し、それらの諸要素を「体」と呼んでいる。少なくともここにおける「体」の意味は、世界の素材であり、現象世界の本質という意味ではない。空海の世界観の力点は、それらの諸要素がどのように活動して、どのような形態の世界つまり人間・仏や器世間を作りあげるか、にあったと考えられる。

六大——空海の独創

『即身成仏義』の初めで空海は、次のような偈《げ》（頌《じゅ》）を述べる。

一　六大《ろくだい》は無碍《むげ》にして、常に瑜伽《ゆが》なり（体）
二　四種の曼荼《まんだ》は、各《おのおの》離れず（相）
三　三密《さんみつ》を加持せば、速疾《そくしつ》に顕《あら》はる（用）
四　重重《じゅうじゅう》帝網《たいもう》なるを即身と名づく（無碍）

これらはおよそ次のような意味である。

一　〔世界の〕六つの構成要素（六大）は互いにさえぎるものがなく、常に融合している……〈体の説明〉
二　四種類のマンダラ（曼荼）はおのおの不離の関係にある……〈相の説明〉
三　〔仏とわれわれとの〕身体的・言語的・心的活動（三密）が「力を与えあう」（加持する）ならば、〔悟りが〕すみやかに現われる……〈用の説明〉
四　〔あらゆる身体が〕帝釈天の宮殿にある宝石の網（帝網）のように互いに照らし

合うのを、即身（この身のままの成仏）と名づける　……〈無碍の説明〉

この偈《げ》は、空海の世界と実践に関する考え方を簡潔にまとめたものとして、従来注目されてきた。偈の各行の最後に「体」「相」等の語が付されており、空海自身が彼のこの偈の説明部分で「体」「相」等の用語をもちいている。

この偈の第一行は、この世界が六構成要素（六大）によって作られているという。しかもそれらの構成要素は、インド型実在論の代表であるヴァイシェーシカ学派、あるいは仏教ではありながら、実在論の要素を多分に有するアビダルマ学派が考えるように独立して異なる実在ではなくて、互いにさえぎるものがなくて一つに溶け合っている、という。ここにもインド型唯名論の特質を見ることができる。

世界の構成要素としての六大とは、「地・水・火・風・空・識」である。「地・水・火・風・空」の元素（五大）を想定すること自体は、実在論哲学やアビダルマ仏教においても見られることであり、インド思想一般の伝統を空海も受け継いだと思われる。この場合の「空」とは空間を意味し、「識」とは認識・心作用のことである。物質的五元素と心的要素とが融合しているという考え方は、インド型唯名論の考え方を受け継いでいる。

五大に「識」を加えて「六大」と呼ぶことは、しかし、インド仏教の伝統にはないわけではないが、少なくともよく知られた呼び方ではない。中国仏教でも「六大」という概念は、少なくとも重要な概念としてはもちいられてこなかった。空海自身はこの六概念に注目して「世界」を説明しようとした。

仏教には「六根《ろっこん》」、「六処《ろくしょ》」等の概念がある。「六根」とは、眼・耳・鼻・舌・身・意という六つの感覚器官をいう。身つまり皮膚は「熱い」とか「冷たい」とかの感触（触）を感ずる感官と考えられる。意《い》（マナス）は、法《ほう》（法則・教義等）を対象とする感官である。「六処」とは今述べた六つの感官の対象をいう。つまり、色（色かたち）・声・香・味・触・法である。このように、六つの感官あるいは六つの感官の対象という場合に「六」という概念をもちいることはあるが、物質的基礎としての「五大」（地・水・火・風・空）に、心的作用である識を加えて「六大」とする考え方は、インドや中国の仏教においてはあまり知られていないことであった。

2　空海における「身体」

世界こそ仏の身体

空海が「六大」の概念をもちいたねらいはどこにあったのか。彼は『倶舎論』に代表されるアビダルマ哲学の体系を知っていたのであるから、仏教学の基礎としてのアビダルマ哲学の世界観を受け継ぐことはできたはずだ。伝統的な概念である「六処」の中の第五まで、すなわち色・声・香・味・触を世界の物質的基礎として選び、それらに精神的なものとしての識を加えて六構成要素とすることもできたであろう。しかし、彼が選んだのは、地・水・火・風・空という物質の元素であり、感官の対象としての色・声等ではなかった。

この理由は、空海の身体観にあるとわたしは思う。『即身成仏義』の中で空海は、人間の身体が下から上に向けて地輪・水輪・火輪・風輪という四つの輪によってできている、と『大日経』を引用しながらいう（弘法大師空海全集編集委員会編『弘法大師空海全集』筑摩書房、第二巻、一九八三年、二三二頁）。その場合、第五の空輪は身体全体に対応する円筒状の空間と考えられている。空海にとってはまず人間あるいは仏の身体が重要なのであった。

われわれは一般に、「人間があって、その人間が感覚器官を通して外的世界を見ているが、その外的世界はどのような構成要奏によって成り立っているか」というように考える。つまり、世界とは、われわれが感官を通じて認識した対象の総体だと考えるのが一般的だ。

たとえば、初期仏教以来、仏教徒は世界――心身という「周囲世界」ではあるが――が「五蘊《ごうん》」という五構成要素のあつまりであると考えてきた。「五蘊」とは、一人の人間がみずからの感官を通して認識する五種の対象である。すなわち、物質(色《しき》)、感受(受)、単純観念(想《そう》)、意欲等(行《ぎょう》)、認識(識《しき》)の五つである。

人間の心身はこれらのあつまりと考えられ、それが初期仏教の考えた「世界」なのであった。初期仏教にとっての主要関心事はあくまでそれぞれの人間であって、星や太陽、大地等を含む宇宙が問題となったわけではなかった。身体を有する一人一人の人間が問題となるのは空海の場合と同じであるが、五蘊説の場合は、心身そのものをまず「世界」として規定するのではなくて、感官の対象のあつまりとして世界をとらえている。

空海にとって「六大」は、感官の対象のあつまりとしての世界・宇宙の構成要素であるというよりも、世界としての身体の構成要素であると考えられる。もっとも空海は、「身」(身体)という語をかなり広い意味にもちいる。一人の行者の身体という意味から、法身《ほっしん》仏《ぶつ》(法そのものが身体である仏)の身体、さらには種子《しゅじ》つまり文字というかたちの仏の身体という意味にももちいている。

「身体」という概念は、空海の「世界」の根底に存する。後(本書第一〇章)に見るように、密教では世界が仏(神)の身体であると考えられているが、空海の考え方はまさにその考え方の典型であるといえよう。身体の構成要素は、色・声・香・味等であるというよりも、地・水・火・風等であるという方が適当であろうと、空海も考えたと思われる。

空海はかの偈の第一行の説明の中で、次のような種子（シンボルとしての梵字よりなる呪《じゅ》）を掲げる。

ア・ビ・ラ・ウン・ケン・ウン

この真言は、日本において訛《なま》って唱えられているものであるが、サンスクリット（梵語）の読みに従うならば「ア・ヴィ・ラ・フーム・カム・フーム」である。「ア」「ヴィ」「ラ」等は、それぞれ地・水・火・風・空に対応すると空海自身が述べている。最後の「フーム」は讃辞である。この真言は、日本密教において今日もよく唱えられているものであり、大日如来を象徴するといわれている。この六文字の真言は、大日如来の身体の各部分を象徴すると考えられたのであろう。

六大が世界をつくる

では、六大はどのような造型を作りだすのか。空海はいう。

かくの如く六大は、よく一切の仏および一切衆生、器界等の四種法身と三種世間とを造す。

つまり、六大は仏の四種の法身（法そのものを身体とする仏——『弘法大師空海全集』第二巻、二二九頁）を造る一方、人間たち（世間）や彼らの住む器世間をも造るというのである。「四種法身」とは、「自性《じしょう》法身」（本体としての法身）、「受用《じゅゆう》法身」（自らの修行の結果である悟りを享受《きょうじゅ》し、他にも享受させる法身）、「変化《へんげ》法身」（肉体のすがたをとって歴史に現われた法身）、「等流《とうる》法身」（万法それぞれに応じて現われる法身）をいう。一般には、この「四種法身」は「四種仏身」といわれるものである。つまり、空海においては「法身」が受用、化身、等流の働きをおこなうと考えられているのである。本体としての法身と他の法身との無区別は、空海の思想の特質である。

六大、すなわち五つの物質的基礎と一つの心的要素の組み合わせから、仏身さえも出現するとは大胆な考え方である。空海は世界の深奥に、あるいは世界を超えたところに、根源的な原理の存在を認めない。六大という要素から、仏や世間もそれぞれのすがたをとって立ち上がると考える。そして、六大は依然として空なるものである。「三種世間《さんしゅせけん》」とは、智正覚《ちしょうがく》世間（悟りの世界）、衆生《しゅじょう》世間（人間たち）および器《き》世間（自然界）をいう。

空海はこのように、六大が法身の仏や他の仏たち、人間たちの身体やさまざまなあり方の人間たち、さらには人間たちの住む自然界をも造ると明確に述べている。しかし、繰り返し述べているように、空海の六大説の焦点はあくまで身体にあるのであって、相の説明において見られるように、自然界もまた一種の身体と考えられる。

3　四種のマンダラ

三種の秘密身

かの偈（即身成仏頌）の第二行は、「四種類のマンダラはおのおの不離の関係にある」であった。空海は、六大という体が四種のマンダラという相を造りだしているという。この行を説明する箇所で、空海は最初に『大日経』の説本尊三昧品第二八の次のような節を引用する。

一切如来に三種の秘密身あり、いはく、字《じ》、印《いん》、形像《ぎょうぞう》なり、

善無畏と一行の手になる『大日経』の漢訳（『大正蔵』第一八巻、四四頁a）には、「諸尊に三種の身あり。いわゆる字と印と形像なり」（諸尊有三種身・所謂字印形像）とある。

空海は「秘密身」といい、現在残る善無畏・一行の『大日経』漢訳には単に「身」とある。この違いはほとんど問題とならない。というのは、密教経典では単に「身」といっても、それは密教的意味における身つまり秘密身のことであることは明らかだからである。密教以外の仏教すなわち顕教では、字や印が如来あるいは諸尊（仏）の身体と考えられることはない。

重要なことは、第二行（四種曼荼羅不離）を説明するにあたって、空海が如来の密教的身体に関する叙述をまず掲げていることだ。しかも、空海が引用した箇所には、三種のすがた（相）が述べられているのみであって、四種類のすがたが述べられているわけではない。それでも空海は、四種曼荼羅の説明として、この三種の身体についての『大日経』の箇所を引用する。

もっとも四種類のマンダラの説に関しては、空海は直接的には『金剛頂経』にもとづいているのであって、『大日経』のかの箇所も『金剛頂経』の説から説明しようとしていることは事実である。しかし、マンダラの説明をする際に、空海が如来の三種類の身体（字・印・形像）を述べたのには理由があった。というのは、空海にとって字、印、形像という如来の身体が、他ならぬマンダラであったからだ。

『金剛頂経』における「四種曼荼羅」とは、大《だい》曼荼羅、法《ほう》曼荼羅、三昧耶《さんまや》曼荼羅および羯《かつ》磨《ま》曼荼羅である。『大日経』にいう「字」「印」「形像」は、それぞれ法曼荼羅、三昧耶曼荼羅、大曼荼羅のことであると空海はいう。「字」はそれぞれの仏や菩薩を象徴する文字（種子真言）であり、「印」はさまざまな幖幟《ひょうじ》つまり非文字のシンボルである。「形像」とは仏や菩薩のすがた・かたちのことであり、「相好具足《そうごうぐそく》の身」が「大曼荼羅」と呼ばれている。第四のマンダラの「羯磨」とは、カルマ（karma）つまり働き・行為のことである。空海はこの第四マンダラを次のように説明する。

この三種の身に各威儀事業を具す。これを羯磨曼荼羅と名づく。

文字・シンボル・形像の三種の身体それぞれに、たたずまい（威儀）や働き（事業）が備わっている。そのたたずまいや働きそのものと、働きを有する身体とをあわせて羯磨曼荼羅（あるいは羯磨身）と呼ぶのである。

神々のシステム

注目すべきことは、空海が如来の身体あるいはその働きを「曼荼羅」と呼んでいることだ。空海が「曼荼羅」を説明するために引用した例の『大日経』の一節も、個々の仏の身体の密教的表現方法について述べているのであって、仏や菩薩が幾何学的な規則に従って平面に並べられているといった、静的ないわゆるマンダラ図について述べているわけではなかった。

『大日経』は「諸尊に三種の身あり」というが、「曼荼羅に三種あり」と述べているのではない。空海にとって、仏や菩薩が一定のシステムに従って整然と並べられた総体、あるいは仏たちがそれに従って並ぶシステムは、あまり重要ではなかったようだ。『即身成仏義』においてのみならず、他の著作においても、空海は諸尊がそれに従って並ぶシステムを詳細に叙述してはいない。

空海は、胎蔵と金剛界の二つのマンダラを日本に持ち帰っている。当時の日本の仏教界にとって、この二つのマンダラは驚きだったに違いない。胎蔵曼荼羅には四〇〇を超える仏・菩薩が整然と並び、金剛界曼荼羅は九つの小さな曼荼羅より成り、しかもその九つのそれぞれには明らかに諸尊の配列のシステムがある。空海が持ち帰ったマンダラを見て、日本の仏教僧や朝廷の役人たちは、そのマンダラにおける諸尊配列のシステムの精緻《せいち》さに眼をみはったことであろう。

それまでの日本には、一尊の仏像や仏画、あるいは最澄が持ち帰った「金剛界三十七尊曼荼羅」の図はあったが、そのようなパンテオン（神々のシステム）全図は見ることができなかったであろうから。空海もまた、唐に渡ってこのパンテオン図を見て驚いたに違いない。数多くの諸尊を、一つの空間の中にまとまりあるものとして表現することは、密教の時代になってはじめて生まれたことであり、諸尊を一定のシステムによってまとまりのあるものとして平面に表現すること、それがマンダラのマンダラたる所以《ゆえん》なのである。そのようなパンテオン図を将来した空海自身は、「曼荼羅とは仏の身体である」と主張しつつ、マンダラのシステムにはむしろ冷淡である。これは空海自身意識していたことであって、偶然そのようになったのではないと思われる。

空海は「一切如来に三種の秘密身あり」云々《うんぬん》という『大日経』の一節を解釈した後、『金剛頂経』に従って四種曼荼羅を説明するのであるが、その説明をくわしく見る前に、『大日経』において、マンダラがどのようなものとして述べられているかを簡単に見てみよう。そうすることによって、空海が何を「曼荼羅」と呼んだのかがより正確に理解できるであろうから。

4『大日経』のマンダラ

性的シンボリズム

胎蔵マンダラは、『大日経』にもとづいて描かれるマンダラである。「胎蔵界」と呼ばれることもあるが、それは「金剛界」という名称に引きずられた呼び方である。ただ日本密教では、胎蔵（界）曼荼羅と金剛界曼荼羅（『金剛頂経』にもとづくマンダラ）とがもっとも重要であり、さらにこの二つを対にして不二のものとして扱ってきた歴史があり、この二つを「両界曼荼羅」とも呼んできた。

ところで、「胎蔵」とはどのような意味か。「胎蔵」という訳語の意味はわかりにくい。「大悲胎生マンダラ」と訳されることもあるが、この方がわかりやすく、またサンスクリットの読み（mahā《マハー》-karuṇā《カルナー》-garbha《ガルバ》-udbhava《ウドバヴァ》）と正確に対応する。「悲」とは、他人の苦しみを取り除くことであり、「胎」（ガルバ）とは、胎児、子宮・源泉を意味するが、ここでは子宮・源泉のことである。「胎生」（ガルバ・ウドバヴァ）とは、所有複合語であって、正確には「胎よりの誕生（生）を有する（マンダラ）」という意味である。「大悲」（大いなる悲）が「胎」、つまりものが生まれる源にたとえられている。したがって、「大悲胎生マンダラ」とは、大いなる悲（の心）という胎（源泉）より生じたマンダラということになる。

「胎蔵」の「胎」と「蔵」は実は同じ意味で、両字とも「ものが生ずる源泉」を意味する。「胎生マンダラ」というべきであったが、「胎」という語に焦点をあてるため「蔵」という同じ意味の語を重ねてマンダラの呼び名にしたのであろう。

「胎蔵」あるいは「胎生」の「胎」という語には、微妙な意味合いがある。巨大な女神が考えられていて、その子宮からこの世界としてのマンダラが生まれたというような印象を、「胎」の語は与えるかもしれない。密教では、世界それ自体が仏あるいは神の身体と考えられるからだ。しかし、胎蔵マンダラにはそれほどの生々しさはない。が、このマンダラに性的なシンボリズムがまったくない、というわけではない。

日本の胎蔵曼荼羅の中央に大日如来がいるが、その上の部分（遍智院《へんちいん》）に頂点を上にした三角形が見られる。チベット仏教にも胎蔵マンダラの伝統が伝えられているが、チベットの胎蔵マンダラではかの三角形が頂点を下にした逆三角となっている。この逆三角形は、仏教密教では「法源」（ダルマ・アーカラ＝ものの庫、ダルマ・ウダヤー＝ものの生ずるところ）と呼ばれているが、もともとは明らかに女陰（ヨーニ）のシンボルであった。後期の仏教密教やヒンドゥー密教では、逆三角形は女性原理のシンボルとしてもちいられている。

日本に残る胎蔵曼荼羅において逆三角形が消えているのは、空海が唐においてマンダラ図を入手するまでに、中国の仏教僧たちが性的ニュアンスのあるシンボルを嫌って、頂点を上にした三角形にし、「遍智院」というとりすました名称をつけたのであろう。

一週間で地面にマンダラを描く

『大日経』においてマンダラがもっともくわしく説明されているのは、第二章（具縁品《ぐえんぼん》）においてである。この章は、師と弟子が約一週間をかけて地面に胎生マンダラを描く手順と、そのマンダラの内容——すなわち、諸尊のすがたと配列のシステム——を述べている。マンダラは瞑想《めいそう》の補助手段としてもちいられるのであるが、弟子は自分が瞑想するためには師より許可を得なければならない。密教では、しかるべき資格を得た者のみが、それぞれの階梯《かいてい》に適した行法を試みることができるのである。地面に描かれたマンダラの中に入って師と弟子が儀礼をおこなってはじめて、弟子はマンダラをもちいる儀礼・実践にたずさわることができる。

『大日経』第二章は、師と弟子が土地を選び、石や骨などを取り除き、「聖なるもの」とみなされている牛糞《ぎゅうふん》を塗ってその土地を浄めた後に、二人がかりでマンダラを描いていく手順を描いている。『大日経』は経典（スートラ）であり、『法華経』や『阿弥陀経』などと同じように、如来が説法をするという形式をおおむねとってはいるが、第二章は実際に地面にマンダラを描くための手引き書ともなっている。

師は浄められた土地の上で土地神に供養《くよう》（プージャー）をおこない、土地神の加護を願う。儀礼の前に土地神に供養することは、今日、カトマンドゥ盆地におけるネワール族の仏教密教にも残っている。次に、師は弟子に手伝わせて地面に墨打ちをしてマンダラの枠組を描く。その枠組は四角であって、円ではない。同心円の中に四角があるといったチベットやネパールのマンダラのかたちは、一一世紀頃にインドで成立したと思われる。『大日経』が編纂《へんさん》されたと推定される七世紀後半には、今日われわれがチベットやネパールのマンダラに見るような四角い宮殿を囲む最外輪はなかったであろう。『大日経』が述べるマンダラの大きさは、おそらく一辺が二メートルから三メートルまでの四角であったろう。

というのは、その四角を三重すなわち三つの領域に区切り、さらにそれぞれを師や弟子がマンダラを描いたり儀礼をおこなう場所と、仏たちを描く場所とに分けよと指示している。「マンダラの中では狭すぎるならば、マンダラの外に出て作業をしてもよい」とも述べている。

「中台八葉《ちゅうだいはちよう》」と呼ばれるマンダラの中心部分に、大日如来をはじめとして九尊が描かれる。この円の直径が「一六指」（指を一六本並べた大きさ、約二〇センチメートル）といわれる。以上によって『大日経』が述べるマンダラは、一辺約二、三メートルの四角形で、その中で二人の人間が作業・儀礼をおこなうことのできるほどの大きさのものであったことがわかる。

師と弟子は、作業を始めてから六日目の夜に、仏や菩薩の形像を描き始める。夜が明けるまでの数時間、二人は色のついた粉（砂）で描き続ける。『大日経』は、マンダラに並ぶ約一二〇尊のすがた・かたちを美しく表現してはいるが、月の明かりあるいはランプの火をたよりに描く神々のすがたは精緻なものとはなり得ない。

今日のチベットやネパールの仏教には、細かい砂の粒を敷きつめてかなり精巧なマンダラ図を描く伝統が生き残っている。しかし、これは直径一メートルほどのものを、数人が数日かけてはじめて可能である。『大日経』に述べてあるように、実際にマンダラが描かれていた頃には、マンダラの周縁の尊格たちはシンボルで表現されていたかもしれない。

夜が明けて、師が弟子に対して入門儀礼をおこない終えた頃には、地面のマンダラはほとんどそのかたちを止《とど》めていない。それぞれの諸尊の砂絵の上には花、水、灯明などが置かれ、ある場合には師や弟子の足で消しつぶされている。

今日、ネワール仏教僧も地面あるいは床の上に粉で簡単なマンダラを描いて儀礼をおこなっているが、一、二時間の儀礼の後には、マンダラの上には花、水、ヨーグルト、灯明などが積み重ねられ、元のマンダラの線はほとんど見えなくなっている。ネワール仏教は、インド大乗仏教的形態をもっとも濃く残していると考えられるが、当時の『大日経』のマンダラも、今日のネワール仏教のマンダラと同様に、儀礼の後はほとんど消えていたであろう。

『大日経』第二章で述べられるマンダラにあっては、諸尊のすがた・かたち（形像）が描かれた。空海のいう大曼荼羅であった。『大日経』の他の章では、諸尊が字（種子真言）で表わされる場合（空海のいう法曼荼羅）やシンボル形で表わされる場合（三昧耶曼荼羅）が述べられている。

5　空海のマンダラ

諸仏のすがた

『大日経』のマンダラは以上のようなものであるが、空海のいうマンダラとはどこか異なっているように思われる。空海は唐に渡る以前に『大日経』の中国訳に接していた、と伝えられる。唐に行く決心をしたのも『大日経』を読んだからだ、ともいわれる。われわれが見てきたように、マンダラを説明するに際しても、空海はまず『大日経』の一節を引用する。空海が『大日経』第二章の内容を知らないはずはないし、何らかのマンダラ儀礼を、空海も青龍寺において師恵果《けいか》からさずけられたに違いない。

もっとも、空海が見聞することができたのは九世紀初頭の唐であり、八世紀後半までのインド密教であった。インドでは一三世紀前半まで仏教密教が存続し、九世紀以降さまざまなタントラ経典が生まれ、それぞれのタントラ経典にもとづいて多くのマンダラが成立した。空海が唐の密教に接した後、インドだけでも四〇〇年以上のマンダラの歴史がある。空海が日本に持ち帰ることができたマンダラは、タントラ経典の歴史のいわば前半部分にあたるものであった。

空海は『即身成仏義』の中で、「諸仏ないし衆生とは、大曼荼羅身なり」(『空海全集』第二巻、二三二頁)という。「曼荼羅身」という語は、「マンダラというすがたをとる(如来の)身体」を意味すると思われるが、この語はサンスクリットやチベット語のテキストには現われない。中国密教において、どれほどの重要性を有していたのかを筆者は知らない。しかし、空海においては重要な概念となった。

「諸仏ないし衆生とは大曼荼羅身なり」というが、もしも「曼荼羅」が諸仏や衆生が基壇に整然と並んでいるその総体を指すとするならば、その意味はわかりにくい。しかし、ここにいう「曼荼羅」が、諸仏の並ぶ基壇や宮殿をも含むのではなくて、諸仏のすがたを指し示しているとすれば、その意味は明快である。その場合には「大曼荼羅」は仏菩薩のすがた・かたち――あるいはそれを絵図に描いたもの――を意味する。「大曼荼羅身」の「身」は仏の身体のことであろう。したがって「大曼荼羅身」とは「マンダラ（というすがたをとる、仏）の身体」の意味となろう。

さらに『即身成仏義』の中で空海は、マンダラの主尊（中尊）を「大身」つまり「大曼荼羅身」と呼び、種子真言を「法身」つまり「法曼荼羅身」、「幖幟《ひょうじ》」（シンボル）を「三昧即身」と呼び、羯磨身は上に述べた三身それぞれに備わると述べている（『空海全集』第二巻、二三三―四頁）。

このように、空海は「曼荼羅身」という語を多用する。これは明らかに、空海が曼荼羅というものを何ものかの身体と理解していたことを物語る。第三節で見たように、如来の三種の身体をマンダラであると空海は考えているのであるから、「曼荼羅という如来の身体」という意味で「曼荼羅身」という語をもちいるのは当然だとも考えられる。

絵図でないマンダラ

『即身成仏義』があらわされたのと同じ頃に書かれたと考えられる『吽字義《うんじぎ》』に、「三種世間は皆これ仏体なり、四種曼荼羅は即ちこれ真仏なり」とある（『空海全集』第二巻、三二三頁）ことも、空海が「世界」を仏の身体と考えていたことの一つの証左であろう。

空海は、『金剛頂経』くわしくは金剛頂部に属する『般若波羅蜜多理趣釈』(『大正蔵』第一九巻、六〇九頁b、『空海全集』第二巻、二五八頁)にもとづきながらいう。

もし『金剛頂経』の説に依らば、四種曼荼羅とは、一には大曼荼羅なり。いはく、一一の仏菩薩の相好の身なり。またその形像を綵画するを大曼荼羅と名づく。

ここでは空海は、マンダラとは「ひとりひとりの仏や菩薩のすがた・かたちである」と述べている。すがた・かたちそのものであっても、それを絵図に描いたものであろうと、どちらも「マンダラ」と呼ぶというのは興味深い。空海にとってマンダラが常に絵図というわけではないことを明示しているからである。

空海は仏菩薩のすがた・かたち——あるいはその絵図——を「マンダラ」と呼んでいる。「マンダラに仏菩薩のすがたが描いてあるのは不思議なことではなく、諸仏諸菩薩のすがたを描いたものをマンダラと呼ぶことは当然のことだ」という人が多いだろう。その限りにおいて正しいし、筆者もそのことに異を唱える者ではない。ただ、たとえ諸仏諸菩薩がそれぞれのマンダラの儀軌に従って並んでいる図でなく、時には一尊描かれている場合も、「マンダラ」と呼ぶことを空海は認めていた可能性があるのではないか、と思うのである。

さらに空海は、仏菩薩のすがたを「大曼荼羅」と呼ぶのと同様に、「刀剣、輪宝、金剛等の類これなり。もしその像を画するもまたこれなり」ということからもうかがうことができるように、シンボル——あるいはその絵図——を「三昧耶曼荼羅」と呼んでいる。

空海は『金剛頂経』の伝統に従って四種の曼荼羅を説明している。さまざまなマンダラがある中で、仏菩薩のすがたを描いた図を「大曼荼羅」、仏菩薩のシンボルを描いた図を「三昧耶曼荼羅」、種子真言を描いた図を「法曼荼羅」、仏の「事業」（印相等）を示した図を「羯磨曼荼羅」と呼ぶというように、四種の曼荼羅の区別をしているのではあるが、空海の説明の仕方には、インドやチベットにはないものが潜んでいるように思われる。

つまり、空海は、仏、種子、シンボルなど——あるいはその絵図——が存在すれば、その並び方が儀軌に正式に従っていなくとも——「マンダラ」と認めたのではないかと思われるのである。

諸尊の配置

東寺の講堂には、第七章で述べたように（二〇四頁）、仏、菩薩、明王の彫像が中央と左右の三つのグループに分かれて配置されている。この配置には空海自身も関わったといわれるが、もしこれがインド、ネパール、チベットの寺院の堂であったならば、まず仏、菩薩、明王の順序でそれらの彫像は同心円上に置かれたと思う。東寺講堂には同心円的に並べるスペースはあると思われる。事実、四天王や天（梵天と帝釈天）は、仏・菩薩・明王をとり囲んで置かれているのである。空海にとってマンダラの諸尊の配置そのものが決定的に重要でなかった証左であろう。

日本では「別尊《べっそん》曼荼羅」と呼ばれるマンダラの一つのジャンルが古くからある。単独の尊格の絵をこう呼んできた。唯一人の尊格が現われるのみのマンダラもあるが、唯単に一尊の図があってもそれは「マンダラ」と呼ばれてきた。ネパールやチベットでも一尊を描いた図はあるが、それらはマンダラとは呼ばれない。このことについてはすでに他のところ（拙著『マンダラ』学習研究社、一九九六年、一九頁）に書いた。ここでは、このような日本の伝統はすでに空海にあったのではないか、ということを指摘したいと思う。

『即身成仏義』の偈（二三八頁参照）を考察してきたが、後半の二句（第三句と第四句）の考察が残っている。しかし、この二句の考察は論議の便宜上次の章でおこないたい。次章において空海の密教思想、とくにその世界観を密教一般の中に解き放ち、密教における空海の世界観の普遍性について考察する中で、この最後の二句もとり上げることにしたい。

第十章　空海と密教の世界観

1　神・世界・人

宗教思想の三要素

空海はこの世界が仏（如来）の身体であると考えた。彼はその考え方の根拠を『大日経』に求めたが、この考え方は、はたして密教一般に認められるのか、あるいは『大日経』から空海にいたる思想に限られるのであろうか。「世界は仏の身体である」という考え方は、密教一般の中でどのような位置を有するのか。宗教における神（仏）、世界、人という三要素をめぐる空海の密教的世界観を明らかにした上で、前章において残した密教の実践（行法）に関わる、かの『即身成仏義』の偈《げ》（後半部分）に触れることにしたい。

神（仏）、世界、人という宗教思想における基礎的な三要素の位置関係は、大きく分けて二種がある。二つを「神・人間・世界型」と「神・世界・人間型」と名づけることができよう。

第一の型は、例えばキリスト教正統派に見られるものであるが、そこでは神と人間との間には断絶があり、世界と人間の間も断絶している。人間は世界の部分として現われるのではなく、世界は人間の生活のために利用される素材である。その利用の権利は神から与えられる。神が世界に内在することはなく、神は人間と世界の創造主である。この型にあっては、神と世界との関係が「遠く」なる。キリスト教正統派から異端とみなされ、中世のドイツ、フランス、スペインで盛んであったカバラの教義にあっては、神と世界との距離はきわめて小さくなっている。キリスト教正統派が「密教」と呼ばれることはないが、カバラは「密教的」といわれることがある。

第二の「神・世界・人間型」は、例えばヒンドゥー教に見られる。ヒンドゥー教の一派であるシヴァ派では、この世界はシヴァ神の踊るすがたであるという。シヴァ神はしばしば人のすがたで表わされ、ヒマーラヤ山の娘パールヴァティーと結婚する。つまり、彼のイメージのもっとも一般的なすがた・かたちは、人間だ。このように、シヴァ派では世界は神のすがたをとり、神のイメージの基本は人間である。シヴァは人間のすがたをとって現われることもあるとともに、人間はシヴァをみずからの身体に宿すこともある。ようするに、シヴァ派では世界がペルソナ（人格）を有する神そのもの、あるいはそのすがたである、と考えられる。

神・世界・人間のこのような関係は、密教の場合さらにはっきりしていて、神と世界と人間の距離はきわめて「近く」、部分的に、あるいは時として、融合している。仏教密教においては、人間の身体と世界とは相同（ホモロジー）の関係に置かれている。すなわち、人間の身体の中央を走る脊椎《せきつい》は世界軸（アクシス・ムンディ）である須弥山《しゅみせん》（スメール山）であり、肉は大陸、血管は河であるというように、世界（器世間）と人間の身体との各要素間には対応関係がある。

世界は巨大であり、人間の身体は小さいけれども、両者の諸構成要素間には一対一の対応関係があり、両者間に相同関係があると考えられる。神（仏）のすがたが、人間のイメージにもとづいて描かれていることが仏教密教においてはほとんどであるが、一方で神（仏）が世界と相同の関係に置かれることが多い。例えば、世界は大日如来の身体であるというように。これはヒンドゥー教において、世界がシヴァの踊るすがたやヴィシュヌが戯れるすがただといわれるのと同じ考え方である。空海にあっても、前章で見たように、如来の身体と地・水・火・風等よりなる世界とが相同の関係に置かれていた。

世界と人間の身体、あるいは世界と神の身体とが相同の関係にあることは、密教であるための十分条件ではない。しかし、密教はほとんどの場合、世界と神（あるいは人間）の関係を相同関係あるいは少なくとも質的に同一のものとみなしている。この相同関係を密教の必要条件ということができよう。

密教が含むインド思想二〇〇〇年

すでに述べたように、密教はインド思想史の中で「後の方」になって勢力を得た思想・宗教形態である。密教的な発想を古代のブラーフマナ文献に見出《みいだ》すことはできるが、密教（タントリズム）が思想史における一つのジャンルとして登場するのは、紀元六、七世紀以降のことだ。インドは、神への讃歌集ヴェーダ、次に祭式に関する思弁書ブラーフマナ、さらに宇宙の根本原理に関する思索ウパニシャッド、そして叙事詩プラーナ、次に哲学書ダルシャナという、二〇〇〇年近くにわたるジャンルの変遷の歴史の最後に、タントラというジャンルにたどりついたのである。したがってタントリズム（密教）は、みずからの中にインド思想史二〇〇〇年の歴史を踏まえている。

世界に関する教説は、思想・宗教史の中で「後の方」になって登場したものだ。インド・アーリア人が残した最古の文献である『リグ・ヴェーダ』には、宇宙創造に関する歌が六編ほど収められているが、この六編の編纂《へんさん》年代は『リグ・ヴェーダ』の中でももっとも新しい部分（紀元前九、一〇世紀頃）に属する。『旧約聖書』の中で宇宙創造が語られる「創世記」は、今日では『旧約聖書』の最初に置かれてはいるが、編纂時期は新しいといわれている。ちなみに、「創世記」には、今われわれがもちいている「世界」という概念がない。「創世記」一章一節は「初めに神（エローヒーム）は天（シャマイーム）と地（アーレーツ）を造った」といい、「世界を造った」とはいっていない。「天と地」がいわゆる「世界」なのであった。

密教は世界に関する教説を有する。神と人間についての教説を有していることはもちろんであるが、「神と近い関係にある世界」について密教は語る。しかも、すでに長い期間にわたって流布していた教説を改変したかたちで、世界と神について語ることが多い。これは、密教が思想史の中で「古いもの」ではなくて、「新しいもの」であることを示しているといえよう。

世界に関する教説を有するとともに、密教は「神」に関する教説、あるいは少なくとも概念を有する。インド正統派の思想のうち、初期のヴァイシェーシカやニヤーヤは無神論的立場に立っていた。それらの思想は「密教」と呼ばれることはない。初期仏教も、「神」つまり「神格化された仏」の概念を有しておらず、初期仏教において呪術《じゅじゅつ》的という意味での密教的な要素を含む儀礼がおこなわれたことがあったとしても、初期仏教の全体が「密教」と呼ばれることはなかった。

仏教密教が成立しつつある時期には、仏教においてすでにはっきりとした仏の神格化が起きていた。神格化された仏の概念と世界の概念との関係に関する独特の理論を、仏教密教は発展させた。そのようにして「神・世界・人間型」という構図も明確化した。

ヒンドゥー密教にあっても事情は同様であって、すでに成立していた神概念と世界の概念との関係を、ヒンドゥー密教は発展させた。ただし、ヒンドゥー密教は、仏教において仏教密教が占めたほどの位置を占めたことはない。インド最大の哲学者といわれるヴェーダーンタ学派のシャンカラ(七、八世紀)にとって、究極的な「聖なるもの」としての根本原理ブラフマンは、人格を有する神ではなかった。シャンカラの思想は密教とは呼ばれない。

「神・世界・人間」という一組の概念は、このように「密教とは何か」という問いにいくらかの答えを与える。もう一組の操作概念、「聖なるもの」と「俗なるもの」は、宗教現象に見られる行為エネルギーの動態(ダイナミクス)を明らかにする。このことは第七章第一節において述べた。

2　世界の聖化と実在論的立場

密教以前

神と人間とが「近い」関係にあることは、ヒンドゥー教や仏教一般に見られる特質である。密教においては、その特質が顕著に認められる。しかし、密教のさらに特徴的な本質は、世界の表象方法にある。神と人間との本来的同一性が認められていても、世界が「聖化」を受けない場合、その思想・実践形態は「密教」とは呼ばれない。密教において世界は「聖化」されているのである。空海が中国から将来した密教も、「聖化」された世界に関する教説を有するものであった。

初期仏教において、世界（周囲世界）は五構成要素（五蘊《ごうん》）によって成り立つと考えられた。その五とは、物質（色）、感受（受）、原初的単純観念（想）、意欲等（行）および認識（識）である。この時、「神」つまりブッダは「人間」である。ブッダの神格化はまだ始まっていなかった。世界としての五構成要素のあつまりは、人間の感官の対象として与えられているものであって、世界がブッダのすがたをしているとか、五構成要素のうちの物質が「聖なるもの」としての意味を帯びることもなかった。このような思想形態は「密教」とは呼ばれない。

アビダルマ仏教も、初期仏教が密教でないのと同様の理由によって、密教ではない。アビダルマ仏教の集成である『倶舎論』において、須弥山を中心とした世界（宇宙）の構造が述べられている。大陸、海洋、河川、動物、樹木などのいわゆる器世間の構造が極めてくわしく述べられている。しかし、人間の生活する場としてのこの器世間が、仏の身体であるというような考え方は現われていない。

後世のチベット仏教では『宗義書』（トゥムタ）と呼ばれる教理体系を述べるジャンルがあるが、この『宗義書』では、アビダルマ仏教（有部）の教説における「真諦《しんたい》」（最高真理）とは壊れることのない永遠のものすなわち原子であり、「俗諦《ぞくたい》」（日常的真理）とは原子のあつまりのことであり、壊れることのあるものと規定している。アビダルマ仏教における「世界」は、「聖なるもの」としての意味を含んでいない、と判断されているのである。

ここでくわしく論ずることはできないが、部派仏教の中のもう一つの有力な一派であった経量部《きょうりょうぶ》や、紀元六、七世紀以降有力になった仏教論理学派にあっても、「真諦」と「俗諦」は「聖なるもの」としての意味を含まないと、後世のチベット仏教では考えられた。そして、チベット仏教のこの理解は歴史的にも正しいものだと思われる。

バラモン正統派にあっても、世界が「聖化」を受けない場合が多いが、その場合も密教とは呼ばれない。例えば、ヴァイシェーシカ学派（紀元二世紀頃成立）は、世界を六ないし七のカテゴリーの組み合わせによって説明する。六とは、実体、属性、運動、普遍、特殊および和合（例えば、属性の実体に対する内属関係）であり、後世はこの六に無（欠如）

がありえられて七となる。これらのカテゴリーは、それぞれ独立した恒常不変的な実在である。自然哲学学派ヴァイシェーシカや論理学派ニャーヤなどの哲学がインド型実在論に属することは、拙著『はじめてのインド哲学』（講談社現代新書、第四章）などにすでに述べた。アビダルマ仏教もインド型実在論の要素を幾分有しているが、これらの実在論哲学学派は、密教的形態をとらない。

実在論哲学は、世界構造に関する精緻《せいち》な理論体系を作りあげてきたが、世界を神の身体と考えることはない。実在論哲学が有神論とならないということではない。ヴァイシェーシカ学派は、すでに六世紀頃には有神論的要素を有していた。また一一世紀のシヴァ教徒ウダヤナは、ヴァイシェーシカとニャーヤの総合学派の樹立に努める一方で、神の存在証明の書『ニヤーヤ・クスマンジャリー』をあらわしている。しかし、ウダヤナの主張する神は、世界が活動を起こす最初の原因つまり動力因なのであって、世界の諸構成要素が神の身体の各部分であるというような相同関係は見られない。実在論的世界観は密教の世界観を提供していないようだ。

3　世界の聖化と唯名論的立場

密教の本質は行法である

インド型実在論と対照的な世界観は、インド型唯名論によって語られる。唯名論によれば、実体、属性、運動等は独立した恒常不変の実体ではなくして、カテゴリー間の区別は実在論者たちのいうようには存在しない。唯名論はさらに二種に大別される。

すなわち、第一の考え方は、実体は実在せず、属性、運動等の組み合わせによって現象世界が成立しているとするものである。例えば、仏教中観派の一部は、「すべては空である」けれども、空の働きによって「仮」(仮に言葉によってその存在が表現された世界)として現象世界が成立する、と主張する。

第二の考え方では、ブラフマンという実体が実在するのみで、他のカテゴリーはその実体の中に吸収される、とされる。例えば、シャンカラとその弟子たちにとっては、実体としてのブラフマンが実在するのであり、他のカテゴリーは実体すなわちブラフマンから現われ出た(仮現した)ものである。シャンカラ派の立場は、「ヒンドゥー唯名論」と呼ばれている。唯名論の二つのかたちは、実体に関する考え方は対照的であるが、実体と他のカテゴリーとの本質的区別を認めないという点では似ている。

さて、密教はこの二つの唯名論的立場のいずれにおいても成立する。第一の場合の例としては仏教密教が、第二の場合にはシャイヴァ・シッダーンタなどのヒンドゥー密教が例としてあげられる。一方、実在論の立場では密教は成立しない。ということは、密教はインド型唯名論にもとづいた世界観を有する宗教形態においてのみ成立するということになる。

われわれはすでに、密教成立の一条件として「世界聖化」があることを見た。ならば、唯名論的世界観と「世界の聖化」との間に論理的関係があるかもしれない、と推論することができよう。ブラフマンとしての実体が現象としての属性、運動、普遍等をそれ自身の中に吸収してしまっていると考える唯名論第二の型の場合、どのようにして「世界の聖化」が起きるのかを説明するのは、むしろ簡単である。ここにいう「世界の聖化」とは、世界が「神」の身体とみなされるという意味で「聖化」されるということである。

実体を身体と考え、属性、運動等を身体の中に収められているさまざまな臓器と考えるならば、神としての実体が世界をみずからの身体としているさまを容易に理解できよう。ここでは「法」(ダルマ)としての属性、運動等が「有法」(ダルミン、法の基体)としての実体の中に吸収されている。これが唯名論の第二の型の特質であった。属性等の基体としての実体が実在であり、しかもヴェーダーンタ学派やヒンドゥー密教におけるようにその実体が神である場合には、密教の一条件である「世界の聖化」が成立する。その場合には、神はあたかも砂糖をしみこまされた果実のように、神（果実）ではあってもそれは実質的には世界（砂糖）であるからだ。

第一の型の唯名論の場合の聖化のあり方については次節に述べるが、いずれにせよ、「世界の聖化」——神が世界のすがたをとるというかたちの聖化——は、密教成立の一条件なのであって十分条件ではない。「聖化」が問題なのではなく、そのような聖化された世界において行法が実践される、その行法（身体技法）こそが密教の本質である。「世界の聖化」は、その種の行法が効果的に実践されるための場の設定なのである。

4　空思想と密教

『大日経』と空の思想

インド型唯名論に代表的な二つの型のうち、もう一方の型である「基体（実体）の実在性を認めず、それを属性等の中へいわば吸いとった」かたちの考え方は、仏教の諸派、とくに空思想を中核に据えた中観派《ちゅうがんは》の一部に存する。

中観派の祖龍樹（二―三世紀）は「すべてのものは空である」（『廻諍論』）といい、実体の存在も属性の存在も認めないが、すべてのもの、つまり実体、属性、運動等何もかもが、どの時点でもまったく存在しない、といっているわけではない。「縁起なるもの（つまり世界）は空ではあるが、それは仮説（言葉によって仮に存在せしめられた存在）として存するのである」と龍樹は主著『中論《ちゅうろん》』二四章にいう。「すべてのものは空である」と観ずる場面、空（空性）を直証する場面（瞬間）、その後空が仮説として、つまり「聖なるもの」としての空によって世界が「聖化」される場面、という三つの場面あるいは時間が、龍樹の立場では区別されるべきである（『はじめてのインド哲学』一二〇―一二二頁参照）。

もっとも、龍樹は第一の否定的側面を強調したが、第二、第三の場面に関してはくわしく述べることをしなかった。彼の後継者たちが中観派を形成していくのであるが、後世の中観派の思想家たちは、かの第一の場面と第二の場面の関係、第二と第三の関係に関する理解をめぐって二派に大別される。一方は、第一の場面（俗なる現象世界）――あるいは第三の場面（聖化された現象世界）――に内在的なものとして空をとらえ、もう一方はそれを超絶的なものととらえた。前者は六世紀の清弁《しょうべん》を祖とする自立論証派《じりつろんしょうは》であり、後者は五～六世紀の仏護および七世紀の月称《げっしょう》によって確立された帰謬論証派《きびゅうろんしょうは》である。

今述べたような空性の理解に関する相違があるとはいえ、七、八世紀までの中観派は、第一の場面つまり「すべてのものは空である」というように、現象世界の存在を否定していく側面を重視し、第二の場面の空を実在視することはなかった。両派はそれぞれの立場から仮説の世界を弁証したのであるが、両者とも仮説はあくまで空に裏打ちされた仮の存在にすぎない、と考える点では一致していた。

空の思想は、インド大乗仏教においては中観派を中心に展開されたが、この空の思想はしだいに密教の基礎的な理論として採用された。七世紀頃の成立と考えられている『大日経』には、空の思想を述べるくだりがあちこちに見出される。それらのくだりの一部では、龍樹以来の中観派の伝統的な教説が繰り返されているが、それらのうち多くのくだりが、少なくとも月称までの中期中観派の教説とは矛盾することを述べている。『大日経』にあっては、現象世界の否定としての空を、仏教の基本的立場として受け継ぐ一方で、空が生・滅を超絶した実在である、とする立場も多くの箇所から読みとれる。

空であるがゆえに聖化される世界

『大日経』では、サンスクリット・アルファベットの第一文字「阿（a）字」のシンボリズムが重要である。この経にもとづく行法において、この文字は宇宙の根本原理のシンボルとしてしばしば観法の対象となる。『大日経』第二章「具縁品」には、「阿字本不生」という有名な語句がある。この語句は、阿字は「本不生」の実在であるという意味に受けとられている。しかし、「本不生」(ādy-anutpanna) とは元来は、「初めから生ずることのないもの」「そもそも生じないもの」という意味であったと考えられる。

「不生」という概念は、龍樹以来、中観派の中ではもっとも重要な概念の一つであったが、それは「ものには生ずる働きは存しない」ということを意味したのであって、ものは生ずる働きを超絶した実在であるといっているのではない。しかし、『大日経』における「本不生」は、生滅等の変化を超絶しているという意味の「初めから〈実在であるゆえに〉生じない」なのである。つまり、阿（a）字は本来的な有のシンボルであるといっているのである。空海もこの考え方に従っている〈例えば『空海全集』第二巻、一三五頁参照〉。

このような考え方は、龍樹以来の伝統的な中観派の教説と矛盾する。しかし、この「矛盾」のゆえに、『大日経』に見られる空の思想は空思想ではない、と主張しても、思想史の研究にとってはあまり意味がない。というのは、空を実在視することは、『大日経』のみではなく、後の密教経典にはしばしば見うけられるからだ。『大日経』に、龍樹あるいは中期中観派の思想に見られるような伝統的な空の理解がまったく見られない、というわけではない。伝統的な見解と空の実在視という、いわば反伝統的な見解とが同じ章の中にも混在している。

それは、時代あるいは地域を異にするテキストがまず成立し、後世になって『大日経』

という一つのテキストにまとめられたから、というのではないだろう。同一の章が編纂されるときにすでに、かの相矛盾するかのような二種の空の理解がテキストの中に組み込まれた、と考えられる。ようするに、密教にとっては、空が否定的側面を有し、それ自体実在ではないものであるとともに、空が実在であることは、理論的支障とはならなかったと考えられるのである。

空の実在視は、九、一〇世紀以降はますます進んでいった。この頃になると、インド中観派は哲学学派としては勢力をほとんど失っており、密教行者たちの理論的基礎としてもちいられていた。インド後期密教と中観派との関係は、思想史的には興味ある問題であるが、ここでは、従来密教の基礎理論であると理解されてきた空思想が、インド中観派の正統的理解とは異なることがある、ということを確認するに留《とど》めよう。

龍樹から月称にいたるインド中観派思想は、世界を空によってふるいにかけることで「聖化」したが、この派は神の観念を持たなかった。世界と神との相同関係の考え方も当然なかった。このような思想形態は密教ではなかった。

空思想は、しかし、密教において「聖化」の機能を存分に発揮した。空の思想は、「すべてのものが空である」と観想することによって、現象世界の全体が「聖なるもの」としての空の力を受けることになる、と考えることで密教的世界観の根幹を支えた。空の働きによって現象世界が仮説としてよみがえるとき、そのよみがえる世界は一つの「聖なる」力・存在――空、法身等――から生まれ出たものと表象することが可能となる。

如来蔵思想

『大日経』にもとづくマンダラを大悲胎生マンダラと呼ぶが、ここでは世界としてのマンダラが大いなる悲の心（人の苦しみを取り除く心）という胎（子宮）より生まれたものと考えられている。悲の心は、空の働きの一面である。空あるいはその働きに一度収めとられた世界が、元のすがたへと仮説としてよみがえることは、世界全体が神の身体と相同関係に置かれることの好条件の一つとなろう。密教には、眼前に出現した尊格と一体となる行法である観想法（成就法）があるが、その第一歩は「世界は空である」と観想することである。空の境地を体得したままに、観想すべき尊格のシンボルである文字などを思い、その文字などから複雑な手順を経て尊格が現われてくるのを見るのである。

空（空性）には「かたち」もなく「すがた」もない。しかし、空が自性のないものと考えられようが、あるいは実在と考えられようが、いずれにせよ密教は、空そのものあるいはその働きが「すがた・かたち」を「生む」ことを認めている。空それ自体に「すがた・かたち」があると主張するいかなる密教の派もない。

しかし密教では、神が何らかの「すがた・かたち」をとる必要がある。さもなくば、「聖なるもの」に対して行法をおこなうことができないと密教徒は考えるからだ。空海がマンダラを重視したのも、マンダラが「すがた・かたち」のある「聖なるもの」であったからだ。彼は、彼自身にとって以上に、教えを伝える相手に、その「すがた・かたち」が必要だ、と考えていたであろう。

空が実在であり、すべてが空である。この考え方は、唯名論のうちの第二の型すなわち、ヒンドゥーの世界観ではないか。ここにおいて仏教密教の世界観は、ヒンドゥーの世界観に近づく、あるいはそれと同化しているといえよう。ここでブラフマンの役目を果たすのが空である。

おそらく四世紀頃までには成立していたと考えられる如来蔵《にょらいぞう》思想は、人は皆如来蔵という清浄で不変の実在を有し、この実在は凡夫にあっては煩悩によって覆われているが、この煩悩を取り除けば、かの如来蔵が光り輝くと考えた。このような考え方も、後世チベットでは一種の空思想と考えられた。つまり、煩悩は空つまり無であるが、如来蔵は恒常的な真如である、というのである。

この場合の空は、煩悩という如来蔵より「他」のものの無を指し示すという意味で「他《た》空説《くうせつ》」と呼ばれ、チョナン派などがこの説を主張した。この派はチベット仏教の中では異端と考えられたが、チベット仏教史の中で無視できない程の勢力は有していた。ちなみに、煩悩のみならず、自己の中に存立するすべてのものが無（空）であるとする立場は「自空《じくう》説《せつ》」と呼ばれ、ダライ・ラマの学派であるゲルク派などの考え方である。この後者の考え方がチベットでは正統派と考えられ、インド中観派中期までの考え方を受け継いでいる。

他空説に立つチョナン派は、世界が如来の身体であり、すべての人が如来を蔵（胎児）として持つと考えた。つまり、この学派は典型的な密教の世界観を有していた。実際この派の人々は密教的行法を実践した。ヒンドゥーの唯名論になぞらえて言えば、ここでは、如来蔵がブラフマンである。

空海さらに最澄の思想にも、如来蔵思想的要素は多分にある。もっともこの二人の「如来蔵思想」は、チョナン派の他空説におけるように、如来蔵と「他のもの」（如来蔵以外の煩悩等）とが明確に区別されたものではなく、如来蔵と「他のもの」とはむしろ区別されない傾向にあった。如来蔵が基体であり、煩悩等の「他のもの」はその基体に依存するものであるというのが、如来蔵思想の基本構造であるが、その区別には濃淡がある。

このように考えるならば、空思想それ自体にさまざまな違いがあり、インド中観派の初期から中期までのいわば正統派の空の理解が、そのまま密教の世界観となるということはなかった。しかし、空はどのように理解されようとも、インド型実在論の考え方となることはなかった。

5　密教の行法

三つの秘密

密教は、神・世界・人間に関する教説を有する。そして、密教における「世界」は、神の身体として「聖化」されたものでなければならず、その「聖化」は、しばしば神と世界との相同関係を通じてなされた。人間の身体と世界もまた、相同関係に置かれることがほとんどであった。

密教の行者は、この相同性を回路として自身の身体に世界を受け入れ、世界の「聖化」をその身体に体験することによって、自身もその「聖化」に参与する。そのための行法のさまざまな過程を、密教経典はときに具体的に、ときにシンボリカルに語っている。「聖化」は瞬間的に体得されるものであるゆえ、師から弟子への指導もまたときに理論的、ときに実践的なものであったろう。そのようにして行法が師から弟子へ伝えられてきた。

前章にあげたかの偈の後半にもどろう。第三句は「〔身・口・意という〕三密を加持すれば〔悟りが〕すみやかに顕《あら》われる」というものであった。密教では人間の活動を身体的活動（身）、言語的活動（口）および心的活動（意）という三つの観点から見て、それらの三つを「三密」（三つの秘密）と名づける。それらの三つに秘密が潜んでいるという意味ではなくて、三つそれぞれが秘密そのものであるという意味である。

つまり、密教では身体的活動、言語的活動および心的活動というまさに日常的あり方が「秘密」（密）と呼ばれる。本来は仏の活動を意味していた言葉が、われわれ凡夫の身体的活動等にあてはめられ、「三密」と呼ばれるのである。仏と凡夫との区別が無視されるというわけではない。両者の区別があるからこそ、強いて両者の諸活動を「三密」という同一の名称で呼ぶことが、「聖なるもの」と「俗なるもの」の区別と同一性とを、同時に実践者たちに感じさせる。そのようなシンボリズムに助けられた行法によって、密教の行者たちは自身の身体において世界と自己の聖化を体験するのである。

第三句に「加持」という語が現われている。この語は一般には、「聖なるもの」が「俗なるもの」に力を与える場合にもちいられる。例えば、仏が菩薩あるいは衆生に対して力を与える場面とか、師が弟子を激励する場面とかにもちいられる語である。その逆、つまり「俗なるもの」が「聖なるもの」に対して「力を与える場面」には「加持」（アディシュターナ）という語はもちいられない。そもそも衆生が仏に力を与えるということは考えられないからである。

しかし、空海はこの「加持」という語をインド的伝統とはかなり異なった意味にもちいている。すなわち、「加持」は仏から衆生への力の注入のみではなく、衆生から仏への「力の投入」にももちいられる。「三密相応して加持する」(『空海全集』第二巻、二四〇頁)という空海の説明は、「加持」という語の意味を問題としているというよりも、「仏」の意味の問題を問題にしているのであろう。

最澄が「草木が成仏する」という場合の「仏」が、龍樹、『阿弥陀経』、『倶舎論』等における「仏」とは意味が異なっていたように、空海においても、仏の三密と衆生の三密が応じ合うというときの「仏」は、インド的コンテキストの仏ではない。それはもちろん空海が仏への畏敬《いけい》の念を持たなかったことを意味しない。彼にとって「仏」とは六大という諸要素が有する根源的力であり、「衆生」とはその根源的力を欠いた者である、といえるだろう。

この両者、根源的力としての仏と、その力を欠いた衆生とが互いに応じ合う、と空海はいう。彼にとっては、「仏」とは広い概念であって、煩悩を滅し、悟りの智慧《ちえ》を有し、かつ人間のすがた・かたちを持つ存在をのみ指しているわけではなかった。すでに見たように、種子真言も金剛などのシンボルも、「仏の身体」であると空海は考えていた。そのように広い、抱くように融合的な場所において、仏と衆生とが合一する、と彼はイメージしていたのではないだろうか。

空の行者、空海

『即身成仏義』のかの偈第四句は、「〔あらゆる身体が〕帝釈天にある宝石の網のように互いに照らし合うのを、即身と名づける」というものであった。この部分を空海は次のように説明している。

譬喩を挙げてもって諸尊の刹塵の三密、円融無碍なることを明かす（『空海全集』第二巻、二四七頁）。

ここにいう「刹塵」とは、仏たちが住むそれぞれの国土を砕いてできた塵《ちり》という意味である。それほど多数の三密がさまたげなく溶けあっているというのである。さらに空海はいう。

仏身すなわちこれ衆生身、衆生身すなわちこれ仏身なり、不同にして同なり、不異にして異なり（『空海全集』第二巻、二四七頁）。

「仏身は衆生身であり、衆生身は仏身である」とは、空海の結論であった。この考え方は「色即是空、空即是色」という『般若心経』のスローガンのそれと似ているが、「色」と「空」を「衆生身」と「仏身」というように、「身」という観点からとらえたことに空海の密教的特質がある。またこのような空海の密教思想は、「仏に地獄があり、地獄に仏がある」という「十界互具」の思想を中国天台より引き継いだ最澄の考え方にも似ている。ただ最澄は一念三千の世界を仏身とは考えていない。この点では天台教学と密教的世界観とは異なるのである。

『即身成仏義』の中核をなす偈およびそれへの自注に表われているように、空海の密教は自立的・独創的に受けとめたものであった。背景には、彼の生きた時代の神祇《じんぎ》信仰や山林修行者の宗教思想があったろうし、中国において仏教の「中国化」をまのあたりにしたことが、彼の仏教思想、とくに密教思想を自由に受けとめる力を与えたことであろう。「三密を加持する」(第三句)、あるいは「重重帝網なること」(第四句)は、空海の実践の内容を語っているのであって、実践と切り離された理論を述べているのではない。第八章で、われわれは空海の若い時の山林修行のあり方をみた。その後も空海は密教修行を続け、その体験は深まっていったと思われる。だが、空海はみずからがいたった境地についての精神生理学的叙述を残していない。

『即身成仏義』の叙述は、修行当時の空海の体験の一部をうかがわせるが、彼がいたった境地を充分に説明するものではない。それはおそらく彼がどのような境地・能力を得ようとも、それを「空なるもの」ととらえて否定し、さらに深い段階へと進もうとしたからだと思われる。密教における「空」のさまざまな意味が彼の身体の中に現実化しており、しかもそれが常に深化していたのであろう。その意味で、空海は「空の行者」であった。

密教の導入者

第七章からこの第一〇章にいたるまでの四章において、空海の生涯と思想について考察してきた。空海の業績の最たるものは、それまで日本には本格的には知られていなかった新興の密教を唐で学んで日本に導入したことである。最澄も、唐において密教に接することはできたが、滞在期間も短く充分にそれを吸収することはできなかった。空海は留学期間のほぼすべてを密教の学習のためにあて、数多くの密教関係の書籍、マンダラ図、法具などを持ち帰ることができた。

最澄や空海が唐で学ぶことのできた密教は、古代から続く集団的宗教行為などのシンボリズムやエネルギーなどを、悟りを求める個人的宗教行為へと組み入れた結果としての総合的宗教形態であった。空海は中国の密教にすでに組み入れられていたホーマ（護摩）やプージャー（供養法）を密教行法として日本に将来した。空海がこれらの密教儀礼をどのようなかたちで実践していたのかは今日よくわかっていないが、現在の真言宗にいたるまで護摩と供養法の一種としての「十八道」（一八の段階に分けられた供養法）は基本的な行法として実践され続けている。これらの行法は、病気治癒や事業成功などの現世利益のための呪術的行為としておこなわれたこともあるであろうし、現在もどこかでおこなわれていることであろう。

もちろん密教は呪術とは厳密に区別されるべきものである。密教は宗教であるかぎり、自己否定を本質としている。その自己否定の理論的根拠は空思想である。一方、呪術においては実践者は自己の目的——例えば、依頼者の病気治癒——のために、自己否定なくして自分の力をもちいる。ようするに、宗教と呪術の相違は自己否定の有無である。

空海には超能力者としてのいい伝えが数多く残っているが、彼にそのような力があったとしても、彼は常にその力の行使を空思想によって裏打ちされた自己否定を通しておこなったと思われる。空海にとっての「加持」は、自分を空にして他者へと「聖なる」力を与えることであって、自分が所有していると慢心して考えた力を自分の目的のために使うことではない。

空海の思想には「祈禱《きとう》」という概念はないといわれる。「祈禱」とは自己否定を受けない力を他者へとふり向けることによって、目的を達成しようとすることである。

世界はマンダラであり、仏の身体である

空海の思想の核心は、世界がマンダラであり、かつ仏の身体であるということだ。彼にとっては、人間に似たすがたの仏たちだけでなく、仏たちの手に握られるシンボル（持物）、仏たちを意味する文字（種子真言）のマンダラである。もちろんそれらを描いた図もそうである。そのマンダラが仏の身体でもあるということは、かの持物や種子も仏の身体ということになる。つまり、仏が常に人間に似たすがたをした存在ではなく、より一層抽象的なものと考えられている点に、空海のマンダラ観の特徴がある。

とはいえ、空海にとって仏とは常に抽象的なにかではない。第九章に述べたように、例えば「ア」（阿）の一文字も仏である。いずれのかたちで表象されるにせよ、空海にとっての「法身」は、眼には見えない、したがって、現象世界を超えた抽象原理なのではなくて、眼にすることのできるかたちあるものなのである。

以上のように、空海にとって仏とその身体とは別個のものではない。ヒンドゥー哲学の伝統においては、「身体」（デーハ）と「身体を有するもの」（デーヒン、すなわち霊魂）と

は別個のものである。肉体つまり身体が亡《ほろ》んでも霊魂は、古い服をぬぎ捨てて新しい着物を着るように、新しい身体をまとうのであるといわれる。ヒンドゥー教哲学者ラーマーヌジャは、神イーシュヴァラ自身とその身体とを分けた。だが、空海にとっては、「仏自身」と仏身とは別個のものではなかった。これは空海のみならず、ヒンドゥー密教をも含めた密教一般の考え方であった。

このように見てくると、空海の教理には一種のあいまいさがあると思われるかもしれない。たしかに、ヒンドゥー教の実在論哲学とくらべるならば、空海のみならず、密教一般には、一種のあいまいさがある。だがそれは、属性とその基体、身体と魂などの無区別を主張するインド型唯名論全体が有する運命であった。

エピローグ

世界に聖なる価値を与える

最澄と空海、この二人によって日本の仏教思想の基礎が置かれた。二人によって開かれた日本型仏教は、その後の日本仏教史において変容を経験しなかったわけではないが、二人の仏教思想に対する批判から生まれた宗派にしても、彼らの思想を母胎として生まれ、彼らの拓《ひら》いた道の続きを歩んでいる。

最澄と空海が築いた日本型仏教思想の核心は、現象世界に「聖なる」価値を与え、草木などにも成仏の可能性を認めるところにあった。その一方で戒律を守ることには、最澄も空海も重きを置かなかった。

インド・中国を経た仏教が、日本という土壌において定着するために必要な作業は、まず聖徳太子によって、次に南都六宗に代表される奈良仏教によってなされていた。しかし、これらの二段階の準備作業においては、中国からもたらされた漢訳経典の理解に努めたという側面が支配的であって、日本の思想家自身の思想から構築し直されたものではなかった。最澄と空海はそれぞれに、みずからの身体で嗅《か》ぎとった日本の宗教的土壌から、みずからの思想を打ち出した。

最澄や空海の仏教思想の特色は、両者が当時の宗教的権威だった奈良仏教への対峙《たいじ》から、彼らの思想を形成したという事情から生まれた。二人ともその修行の長い時間を、奈良仏教の本拠地東大寺や学問寺においてではなく、主として自然のただ中で過ごし、古来のアニミスティックな身体技法を習得し、仏教思想に溶かしこんだ。最澄は、東大寺をはじめとする三つの学問寺でのみ与えられる具足戒ではない、在家の人々にも開かれた戒を制度化することに晩年の熱意を注ぎ、一方、空海は新しい宗教たる密教の灌頂《かんじょう》を弟子たちに与えて彼らの宗教実践のあかしとした。

仏教の民衆へのいっそうの浸透をおし進めた平安後期、鎌倉時代の仏教においては、「山川草木悉皆成仏《さんせんそうもくしっかいじょうぶつ》」の側面は弱められ、阿弥陀仏に対する帰依《きえ》、すなわちインドのバクティ（神に対する献身）運動の系統を引く信仰や、ヨーガの一種である禅が強力な宗派を形成した。

法然や親鸞は、草木成仏を主張しなかった。彼らの関心はみずからの浄土への往生であり、山川草木に代表されるこの世界への関心はむしろ薄かった。しかし、日本浄土教において、自然は「成仏」というかたちではないにしても、積極的な意味を与えられていた。

道元はこの世界まるごと（悉有）が仏性であると考えた。この考え方が、「諸法は実相である」および「世界はマンダラである」という考え方の延長上にあることは明白である。浄土教や日本における禅は、具足戒という極めて厳格な戒律からの「解放」の先にあるものである。鎌倉仏教の師たちは、最澄や空海が見すえていた「未来の道」を歩み進めたのだ。

はじまりの哲学者最澄と完結の哲学者空海

日本型仏教思想の礎石は、まず最澄によって置かれたが、最澄の依拠した天台仏教は、密教と浄土教を除くほとんどすべての仏教諸学派の教理・実践形態を含んだものであった。日本において最澄以後、少なくとも数世紀間は、天台宗は日本仏教の根幹であり続けた。それは天台仏教が元来、総合的な学派であったことによると思われる。

一方、空海が開いた真言宗は、天台宗のような総合的教学を持たなかった。なるほど空海は『十住心論』において、天台や華厳などの教学を視野に入れた一種の教判として、「十住心」のシステムを打ち出している。しかし、この空海の思想は、彼の後継者たちがそこからインド以来の古典を学ぶに適したものではなかった。空海独自の要素が強烈すぎたのである。

平安時代以降の日本仏教史における最澄と空海を、ドイツ観念論におけるカントとヘーゲルにたとえることができるかもしれない。カントの批判哲学は「はじまりの哲学」であって、ドイツ観念論はヘーゲルによって一応の完結を見ることになる。ところで、後世の哲学者たちは、時代が哲学に再構築を求めると、ヘーゲルの「完結の哲学」に手がかりを探そうとするよりも、むしろカントの「はじまりの哲学」にまで戻った。例えば、実存哲学のハイデッガー、現象学のフッサール、プロテスタント神学のボンヘッファーなどは、みずからの哲学の方法をヘーゲルよりはカントに求めた。

最澄が日本に定着させようとした天台仏教は、六世紀の智顗によって大成されたものであって、密教をみずからのシステムの中に組み入れてはいなかったが、日本の天台宗は密教を積極的にみずからの体系に導入し、「台密」と呼ばれることからうかがうことができるように、「密教の宗派」として自他ともに認めるようになった。ちなみに、中国仏教においては唐以後、密教は急速に勢力を弱めており、日本におけるように天台宗と密教との統一的形態が生まれることはなかった。

日本天台宗の「密教化」の種は、すでに最澄にある。彼は天台仏教を唱導する一方で、密教に多大な関心を持っていた。帰国後、最澄は朝廷で灌頂をさずけている。ただ最澄の密教は彼自身も認めているように、充分なものではなかった。しかし、最澄の没後まもなく、九世紀中頃までに天台宗は真言宗に充分対抗できるほどの「密教部門」をみずから持つにいたったのである。

インドの仏教経典のテキストからは離れた点があると、最澄や空海の仏教理解について、筆者はしばしば述べてきた。日本型仏教が「正統派」と異なる、と言いたいのではない。文化はいつもそれぞれの地域、民族の伝統という磁場の中にあり、日本仏教もそれは同じである。最澄や空海はそのことを自覚しつつ、彼らの仏教を作りあげ、根づかせてきた。

九世紀前半という時代の、インド仏教、中国仏教、日本仏教のあり方が彼らにチャンスを与え、彼らを待っていた。そして彼らは豊かな能力と途方もない活動でそれに応えた。日本型仏教の特異性――ある意味の限界――を補ってあまりある彼らの信仰の豊かさは、現代のわれわれをも導いてくれる。二人のメッセージの核心――世界の聖化――が、現代のわれわれにどのような意味を持つのか、それをわれわれは考えねばならない。

最澄・空海が現代世界に呼びかけるもの

最澄は「現象世界は真実の相を示している」ととらえ、空海は「世界はマンダラというすがた（相）をとり、かつそれは仏の身体である」と考えた。最澄には密教への多大な関心はあったが、世界はマンダラであり、仏の身体である、と考えるまでにはいたっていない。このような考え方あるいは感性の相違が、かの二人にはあるが、彼ら二人には現象世界の尊重という共通点がある。現象世界を超えたところに、根本実在とか創造神の存在を認めないというのが仏教の基本的考え方であった。最澄と空海は、この基本的立場をさらにおし進めたのである。

欧米を含めた今日の世界の思想状況にとって、「創造神が実在する」と証明することはさしせまった課題ではない。神は世界を超えたものだと考えてきたキリスト教徒も、今日では神を世界の中に存すると考える傾向にある。というよりも、神を問題にすること自体すこぶる困難な状況にある。二〇世紀中頃には「神の死の神学」の運動が活発であったが、最近ではその運動も下火になってしまった。ハイデッガーやサルトルは、神の存在を自分たちの思想の柱として据えることはできなかった。神が不在であるならば、神を離れた人間の存在をどのようにとらえるかが彼らの問題であった。

このような現代の精神状況は、しかし、われわれが「聖なるもの」を完全にあきらめねばならない、と告げているわけではない。世界を創造し、世界を超えた神の存在の弁証が困難となったとしても、そのようなかたちの神ではない「聖なるもの」の弁証は可能と思われる。仏教の伝統、とくに密教の伝統は「世界の聖化」の可能性を示すことによって、「聖なるもの」を弁証し続けてきた。この弁証は、日本仏教の伝統を通じて、充分とはいえないまでも、なされ続けてきたが、現代の精神状況全般の俗化に抗しきれていない。

「聖なるもの」は、「俗なるもの」との区別によって生ずる価値であって、この「宗教における二極」の区別をそもそも認めない者にとっては「聖なるもの」は存立せず、ただ世俗があるのみだ。「悟りや救いも必要ではなく、成仏などは関係のないことであり、葬儀も祭礼も必要がない」とか、神の存在・非存在などを云々《うんぬん》することがもはや意味がないとかいうように、多くの人が考えている。自然は、ともに成仏する存在というより、人間のために存在するものと意識されている場合が多い。このような俗化が今日の世界を覆いつくそうとしている。

このような状況の中で、最澄の実相論や空海の仏身論から何を学ぶことができるのか。一〇〇〇年以上も前に生きた彼らの思想が、そのままで今日の歴史的状況の中で通用するとは思われない。「諸法は実相である」とか「世界はマンダラであり、仏身である」という思想は、詩のようでもあり、神話の一片であるかのように響くかもしれない。

しかし、人間と世界とが本質的に同一である、と知り、感じ、そして人間の行為によって、またその行為の中から、「聖なるもの」の意味を人間と世界とに与えようという最澄や空海の呼びかけは、呼びかけに耳を澄ます人には、なお、充分に現実的力を持って迫ってくると思われる。

あとがき

「菊はあの形のままで実相であり、菊の花の奥に菊はない。神は『自らのつくられた』ままでその中に神のすがたを表わしている。

私達はあなたのこの芸術に驚異の目をみはる。奥深になぞに秘められたその音楽的な形、そして色、それらはいつみても私に以前にみられなかった新鮮な味を与えている。みな『そのままに』生きていて、存在することそれだけに喜んでいるのをみいだす」。

これは約四〇年前、わたしが高校三年の時に、自分たちの生徒会誌(『月影』、東海高校、一九五九年)に載せた文の一部だ。ヤスパース、ハイデッガー、キェルケゴールなどをむこうにまわし、「末は哲学者」といった意気ごみである。

わたしが卒業した中学・高校は浄土宗立であったため、先生方には僧侶《そうりょ》の方が多かった。授業も今思えばずいぶんとユニークだった。ある先生は、中学二年の小坊主たちを前に「天台一念三千の哲学は、聖徳太子の和の精神と呼応する」などと熱弁をふるった。当時の高校長林霊法氏(元京都百万遍知恩寺法主)は、史的唯物論や実存主義批判をしながら、

『華厳経』の縁起思想の重要性を主張された。また後に浄土宗知恩院門主になられた藤井実応氏が歴史の先生として教えておられたが、わたしは高校二年夏の藤井先生へのレポートに、「法華経方便品の研究」を提出した。それは石津照璽『天台実相論の研究』（弘文堂、一九四七年）から抜き書きしたようなものであったが、ともあれ高校生のわたしには天台の教学は実に新鮮に映った。

大学に入ってわたしは、天台と華厳を勉強したいと思った。だが、天台はインドの龍樹の『中論』に依《よ》っている。ならばまず『中論』を読まねばならないと考えた。その後、わたしは『中論』研究を自分の研究の柱としてきた。

ほぼ四〇年を経た今も、わたしの考えることはほとんど進歩していないようだ。それでもわたしなりに、少年の時の夢を追い続けてきたようには思う。天台教学が龍樹に代表される空思想に依っていることはわかったが、インド、中国、さらには日本という仏教伝播《でんぱ》の歴史を貫く思想軸を見つけだすことが必要だった。その思想軸によってインドの空思想、中国の天台思想、日本の天台思想、さらには真言密教等の連関も説明できると考えた。その思想軸の一つは、「インド型実在論とインド型唯名論との抗争」であった。唯名論の中にも仏教型とヒンドゥー型（ヴェーダーンタ型）とがあり、仏教の中でもヒンドゥー的な唯名論に立つ派もあった。

インドでは仏教は常に実在論と戦うとともにヒンドゥー型唯名論と戦わねばならなかった。しかし、中国や日本では仏教は、インドにおけるような抗争相手を持たなかった。そのため、仏教諸派の中の相違が増幅されて、仏教内にいわゆる「ヒンドゥー的要素」が増大した。この場合の「ヒンドゥー的要素」とは、中国におけるヒンドゥー教勢力という意味ではなくて、例えば、天台教学の「一念」とか「止観」がリアルな根本原理と考えられるように、根本原理の実在性を認める、ヒンドゥー型唯名論に近い立場をいう。『中論』の空思想と天台の空思想とにかなりの違いがあることを知ったことは驚きであったが、インド仏教と中国・日本仏教の違いが明らかな今日では、むしろ当然のことと受けとめるべきであろう。

「インド型実在論とインド型唯名論の抗争」の軸については、一九九二年に『はじめてのインド哲学』(講談社現代新書)の中にも書くことができた。一九九五年、『日本仏教の思想』(講談社現代新書)では「日本仏教の思想がインド型唯名論に属する」という前提に立ちながら、日本仏教史を概観した。この書の第三章「日本仏教史の巨人、最澄と空海」では、平安時代は、日本仏教史の中でもっとも豊かな時代であり、最澄と空海という日本仏教史最大の二巨人が同時に活躍した時であった、と述べた。

講談社より最澄と空海について書かないかとのお話があった時、わたしは学生の頃からの関心であった天台思想について学ぶ機会としてこの企画を引き受けた。密教については就職した直後から関心を持ってきていた。このようにして、最澄と空海の二人の思想についてまとめることを約束したのであるが、筆はなかなか進まなかった。困難さと日々向きあいながらともかく書き終えた本書は、かの二人の思想のほんの片鱗《へんりん》に触れているにすぎないが、最澄と空海の思想をインド以来の仏教思想史の中に位置づける作業の一端を担うことができればと祈るばかりである。

上記二冊の現代新書とともに、本書も講談社編集部渡部佳延氏のお世話になった。前書と同様、氏の的確な舵取《かじと》りがなければ本書は沈没していたにちがいない。ここに記して厚く御礼申しあげたい。

最澄と空海それぞれの思想にさらに深くわけ入る日の来ることを祈りつつ。

一九九八年一〇月一一日　　　　立川武蔵

〔第二刷付記〕このたび、松長有慶（高野山大学）、田中公明（東方研究会）両氏の御指摘により、本文に変更・修正を加えることができた。ここに記して謝意を表したい。

文庫版あとがき

インドに生まれた仏教は、最澄と空海によって日本的な仏教へとつくり変えられた。というのは、仏教がそれまで主として対峙してきた世界（周囲世界）の中に、主要な部分として自然《しぜん》が組み入れられたのだった。この場合の自然とは、真宗でいわれる自然法爾《じねんほうに》ではなく、いわゆる山川草木の世界を指す。

仏教にあっては元来、個々の僧の業と煩悩を滅することが重要なのであって、自然にたいしてどのような態度を採るべきなのか、人間集団つまり社会に対してどのような実践をなすべきかは、ほとんど問題にならなかった。自然あるいは環境世界は、僧侶あるいは実践者が実践を行う場にすぎなかった。つまり、「その場が聖なるものである」というように宗教的な価値を与えられたものではなかった。もっともインド後期仏教の中で有力となった密教（タントリズム）にあっては「世界は如来の身体である」というように、世界に「聖なる」価値を与えられた。だが、初期インド仏教（紀元前後まで）およびインド中期仏教（紀元前後から紀元七世紀中葉まで）にあっては、人間などの生類（世間、ローカ）が生きる場としての「器世間《きせけん》」（バージャナ・ローカ）は宗教的価値を帯びていなかった。換言すれば、インド初期・中期仏教にあって器世間は「聖なるもの」と「俗なるもの」の緊張関係とは無関係だったのだ。その時代の僧や実践者にとって「聖なるもの」とは悟り（あるいは救い）であり、「俗なるもの」は業と煩悩であった。

最澄・空海以前の奈良仏教ではインド・中国仏教の要素が濃厚であった。おおまかにいって奈良仏教において世界は個々の人間の心の世界として考えられていた。つまり、個体が自らの感官を通じて得られた情報を再構成した周囲世界が世界なのであった。しかし、最澄と空海はそれまでの古代的な「心的世界観」を新しい時代の世界観へと解き放った。特に自然・世界が「聖なるもの」であると主張した。だが、この二人の新思想の後も、日本仏教は「自然世界がどのような変化を有したか、人間社会がどのような問題を突き付けてきたか」とは問うてこなかった。

一方、西洋はこれらの問題、すなわち世界の構造・変化と人間社会の問題を考え続けてきた。西洋思想史は、ギリシャ哲学の時代、中世キリスト教の時代、近代の時代という三時期を経て今日に至っている。キリスト教世界は、ギリシャの論理的思惟とヘブライの信仰の力強さを融合させ、自然科学の成果を産業の推進に役立たせ、世界・宇宙の構造および変化を知ろうと努めてきた。キリスト教徒にとって神の存在は前提だ。さらに、キリスト教徒にとってのもう一つの前提は「自分は共同体の一員として生きている」という信念である。仏教は当然ながら神の存在を認めない。だが、自然の構造に関する知の体系（科学）と「共同体との関わりの深さ」にはこれからの仏教が学ぶべきものがあると思う。

立川武蔵

二〇一六年四月

本書は、一九九八年十二月に刊行された
講談社選書メチエを文庫化したものです。

最澄《さいちょう》と空海《くうかい》

日本仏教思想《にほんぶっきょうしそう》の誕生《たんじょう》

立川武蔵《たちかわむさし》

平成28年 5月25日　初版発行
令和6年 11月25日　9版発行

発行者●山下直久

発行●株式会社KADOKAWA
〒102-8177　東京都千代田区富士見2-13-3
電話　0570-002-301（ナビダイヤル）

角川文庫 19776

印刷所●株式会社KADOKAWA
製本所●株式会社KADOKAWA

表紙画●和田三造

ISBN978-4-04-400082-0　C0115